Inhalt

Stimmen zum Buch

Was hat eine junge 25-jährige Frau, die in badisch-dörflicher Umgebung aufgewachsen ist, schon zu erzählen? Esha ‚Luna' Deibel hat viel zu erzählen.

Sie wurde einen Tag nach ihrer Geburt in New Delhi, von ihrer 12-jährigen Mutter in ein Heim gegeben und bald darauf in Deutschland adoptiert. Schon ungewöhnlich genug. Sie beschreibt in ihrem ersten Buch nicht nur den rein „technischen" Ablauf einer Auslandsadoption, sondern betrachtet ihre Lebenssituation aus sehr unterschiedlichen Perspektiven.

Und das macht dieses Büchlein so wertvoll.

Da ist zunächst einmal die Perspektive des Adoptivkindes selbst. Sie schildert sehr eindrücklich all ihre Zerrissenheit und die Suche nach ihrer Herkunft. Sie beschreibt ebenso die emotionalen und physischen Höhen und Tiefen, die dieses „Nicht Wissen" in ihr auslösen und ihre „Wanderung" auf dem schmalen Grat zwischen „Absturz" und wunderschöner Aussicht. Und sie schildert ihre Versuche die sie unternimmt, um immer wieder teilzuhaben am Leben, „normal" zu sein wie alle anderen. Esha gibt uns Einblicke in ihre Entdeckung etwas „Besonderes" und doch ein einzigartiges Individuum zu sein. Sie beschreibt es vor allen Dingen aus dem Blickwinkel eines Kindes und jugendlichen Menschen, der sich doch wesentlich vom Blick eines Erwachsenen unterscheidet und der in seiner Ehrlichkeit beeindruckt.

Eltern können da viel lernen.

Sicher erfüllt dieses Buch auch eine „therapeutische" Dimension. Sie hilft der jungen Autorin, ihre sehr besondere Lebenssituation neu zu betrachten und zu bewerten und alltagstauglicher zu gestalten. Das ist gut so und deutet für sie optimistisch in die Zukunft. Besonders beeindruckend ist für mich und sehr zentral der Brief, den Sie an ihre unbekannte Mutter geschrieben hat. Sie gewährt uns damit ganz bewusst einen tiefen Einblick in ihre Gefühlswelt. Dieses Dokument verdeutlicht eine unendliche Nähe aber auch eine angemessene Distanz. Ein vermeintlicher Widerspruch, der nicht stört und der nicht aufzulösen ist. Er ist für die Autorin wichtig, um mit ihrer besonderen Lebenswirklichkeit umzugehen.

Und dann ist da noch der Blick auf die Adoptiveltern. Auch sie sind „zerrissen". Sie beschreibt die vermeintliche Schmach der ungewollten Elternlosigkeit und den eigenen Wunsch nach Familie, unterstützt durch gesellschaftlichen Druck. Keine einfache Ausgangslage. Die Lösung dieses „Problems" durch eine (Auslands-)Adoption schafft neue, wie wir lesen können. Esha schildert mit viel Empathie und Liebe aber auch mit durchaus kritischem Blick, wie schwer es für alle ist, diesem Dilemma zu entkommen. Alle geben sich viel Mühe und manchmal gelingt es gut, manchmal weniger gut. Für mich ist die junge Autorin hier liebevoll ehrlich ihren nicht leiblichen Eltern gegenüber und zeigt ihnen auf, dass sie gar nicht alles richtig machen konnten. Sie formuliert keine Vorwürfe oder redet von Schuld, sondern beschreibt ihre Wahrnehmungen, bewertet diese nicht nach Gut oder Schlecht, sondern beschreibt eher die Wirkung der elterlichen Erziehung und Liebe auf sie.

Das ist Hinweis und eindrückliche Botschaft genug.

..........und sie entscheidet, dass sie trotz aller ungelösten und unlösbaren Fragen am richtigen Platz lebt und dort angekommen und aufgehoben ist.

Eine wichtige Botschaft dieses Buches.

Als weitere Perspektive lese ich einen Aufruf Eshas an anderen adoptierten Kindern und deren Eltern. Er lautet: Lernt mit eurer Diversität zu leben, nehmt sie an und versucht nicht Antworten auf Fragen zu finden, die niemals kommen werden.

Kein einfaches Unterfangen, denn das Erleben dieser individuellen Lebensbedingung ist eben auch sehr individuell. Aber, und dieses „Aber" ist eben sehr bedeutsam, hier beschreibt eine junge Frau IHREN Lebensweg und IHREN Lösungsansatz mit dieser Situation umzugehen und sie resilient in ihr Leben zu integrieren. Auch wenn es keine Antworten auf die vielen Fragen gibt, es gibt Lösungen damit zu leben.

Sehr eindrücklich und berührend dabei ist ihre Beschreibungen ihrer „Verwandlung", die z.B. mit der Schilderung ihres Stranderlebnisses fast spirituelle Elemente beinhalten. Sie schildert, was und wer ihr dabei geholfen hat, sie artikuliert ihr persönliches Wachstum und das es harte Arbeit ist, diesen Weg zu gehen. Sie deutet auch an, dass es weiter viel Arbeit sein wird den Erfolg und das Ziel für die Zukunft zu sichern. Aber, sie wird diesen Weg gehen, weil sie gelernt hat, dass sie ihn zwar alleine gehen muss, dabei aber viel Hilfe und Unterstützung von liebenden Menschen erfahren wird.

Für mich ist Esha Deibels ein im wahrsten Sinne des Wortes WERT-VOLLES Buch. Ein Buch der vielen Botschaften, eindrücklich, berührend, tiefsinnig, einfach und gut lesbar geschrieben. Manchmal blitzt dabei der verschmitzte Humor der Autorin durch, die uns damit belegen will, dass auch das Lachen zur Lebensbewältigung dazu gehört. Eine Lektüre, sparsam aber erklärend bebildert, die Einblicke in Lebenssituationen eines Menschen gibt, der trotz vielfältiger Hindernisse das Leben für sich entdeckt hat. Eine bessere Botschaft gibt es nicht.

„Das Leben ist so bunt und manchmal eben schwarz."

Norbert Scheiwe

Privatier, Jahrgang 1952, Caritasrektor i.R., langjähriger Leiter einer Jugendhilfeeinrichtung, Adoptivvater, Gründer des Kinderhilfswerkes LUCY-Hilfswerk für

Kinder e.V. und der LUCY-Stiftung., Kooperiert mit den indischen Provinzen der Barmherzigen Schwestern vom Heiligen Kreuz seit vielen Jahren und traf die Autorin als Baby im Kinderheim in Delhi, Indienreisender...Indienfreund... aber niemals Indienkenner, weil ein Leben dafür nicht ausreicht, ehrenamtlich viel unterwegs, seit vielen Jahren u.a. auch auf dem „Camino de Santiago", Mitgründer und Präsident der Badischen St.Jakobusgesellschaft e.V., u.a. Träger des Bundesverdienstkreuzes 1.Klasse. Autor und Mitherausgeber mehrerer Publikationen vorwiegend im pädagogischen Bereich.

~

Kann man es wagen, ein Kind zu adoptieren? Noch dazu aus einer anderen Kultur? Esha hat uns diese Frage vor vielen Jahren beantwortet, vielleicht ohne es zu wollen. Als kinderloses Ehepaar waren wir auf der Suche nach einem gangbaren Weg, eine Familie zu werden und hatten dabei das Vorrecht, ihre Familie kennenzulernen.

Mit großen, dunklen Augen sahen sie uns damals skeptisch an, die zwei kleinen Mädchen aus Indien, bei unserem Besuch im Wohnzimmer ihrer deutschen Eltern. Und in unseren Herzen formte sich ein „Ja"! Der Mut wuchs, als wir diese Familie sahen, dass Adoption auch für uns ein Weg sein könnte – auch wenn uns die Reise am Ende in ein anderes Land und zu anderen Kindern führte.

Heute wissen wir, es ist ein Weg, den man nur beschreiten sollte, wenn man bereit ist, sich der Wahrheit absolut ehrlich zu stellen. Denn eine Adoption führt Menschen zusammen, die sich miteinander mit ihren tiefsten Lebensfragen auf den Weg machen – und den Pfad finden dabei nur die Ehrlichen. Esha Deibel gehört zu diesen mutigen Menschen, die es wagen, wirklich Einblick in ihre innere Reise zu geben. Wer ihr zuhört und ihr Buch liest, gewinnt eine authentische Perspektive auf das Leben aus einer Sicht, die uns nur selten gewährt wird.

Esha erlaubt uns, in ihre Haut zu schlüpfen, in die Haut eines kleinen indischen Mädchens, das nicht versteht, warum es anders aussieht, das sich mal verachtet, mal vorgeführt fühlt. In die Haut einer indischen Schönheit, die doch nicht mehr als ein ganz normaler deutscher Teenager sein will. Sie nimmt uns mit hinein in ihre Fragen nach dem Warum, dem Woher und dem Wohin. Sie lässt uns hinter die Fassade ihrer Perfektion und Familie schauen – dafür gilt auch den Eltern großen Respekt. Offenheit macht verletzlich, aber sie verleiht auch Flügel, über sich selbst hinauszuwachsen. Wir stehen heute mit unseren adoptierten jungen Erwachsenen vor ähnlichen Fragen wie Esha. Warum wurde gerade ich abgegeben? Was war an mir so schlecht? Wer bin ich? Wer jungen Menschen mit dieser tiefen Lebenswunde beistehen will, der wird in Eshas Buch wertvolle Hinweise finden. Wer selbst eine Biografie aus Ablehnung und Annahme hat, wird durch Eshas Vorbild inspiriert und ermutigt werden, den Kampf aufzunehmen, bis das Puzzle der eigenen Identität zu einem ganzen Bild zusammengelegt ist.

Gertraud Schöpflin, zweifache Adoptivmutter und Autorin von „Eine Badewanne voll Glück – Wie meine Träume laufen lernten" (Brunnen-Verlag, 2020)

∽

Adoption – ein Thema mit dem sich die wenigstens Menschen beschäftigen und dennoch kann es ein sehr fesselndes Thema sein. Warum? Weil bei jeder einzelnen Person ein Schicksal und die verschiedensten Beweggründe dahinter stehen. Esha Deibel bringt in ihrem Buch zum Ausdruck welches Schicksal hinter ihrer Adoption steht.

Für Außenstehende ist dieses Thema oft sehr schwer greifbar, weil viele Dinge in einem Adoptivkind vorgehen, an die sie im Leben nie denken würden, auch diese zeigt Esha auf. Die Zerrissenheit, die kreisenden Gedanken, die einen zeitweise einfach auffressen und erdrücken, der Zwiespalt zwischen der Wahrnehmung anderer, die einen immer und immer wieder als Ausländer aufgrund der dunklen Hautfarbe betrachten, obwohl man sich im tiefsten inneren doch deutsch fühlt, das Gefühl zwischen zwei Stühlen zu stehen, wenn es um ihre leibliche Mutter und die Adoptiveltern geht und zu guter Letzt auch einen Weg mit Blick in die Zukunft.

Ich kann Eshas Gedanken und Gefühle sehr gut nachvollziehen, da ich das kleine andere Mädchen bin welches Esha in den nachfolgenden Zeilen beschreibt.

Daher würde ich gerne noch ein paar freiere Worte zu diesem für mich sehr persönlichen Thema verlieren.

Esha und ich hatten wahnsinnig viel Glück, da wir in einem kleinen katholischen Kinderheim gelandet sind, welches sehr Bedacht darauf war die richtigen Adoptiveltern für das jeweilige Kind auszuwählen. Das merke ich vor allem immer wieder, wenn meine Adoptivmutter zu mir sagt: „Ich hätte mir absolut nichts besseres Wünschen können" oder „Besser hätte es mich gar nicht treffen können".

Ich möchte aber auch darauf hinweisen, dass eine Adoption für beide Seiten sicherlich nicht immer leicht ist, vor allem nicht in dem Alter, in dem man sich als Adoptivkind verliert, alles in Frage stellt, verloren fühlt und die Eltern nicht mehr als Eltern ansieht. Aber die Zeit danach ist etwas sehr Besonderes, wenn man diese gemeinsam durchlebt hat, da man dadurch eine noch viel engere Bindung zu den Adoptiveltern gewinnen kann, was bei mir zum Beispiel der Fall war.

Vergesst bitte nicht, dass die Punkte die wir beide beschreiben ein langer Prozess sind, den beide Seiten in gewisser Art und Weise durchleben müssen. Es ist eine schwere Zeit in der oft viele böse Worte fallen, wie Esha es auch beschreibt, die oft aber auch gar nicht so gemeint sind. Vielmehr kommen diese aus einer Frustration heraus mit der man selbst noch nicht umgehen kann. Auf lange Sicht lernt man aber mit der Situation umzugehen in dem man sich darauf einlässt und versucht sich selbst kennenzulernen. Mit der Selbstfindung begann auch bei mir der Prozess der Akzeptanz, des Abschließens und des inneren Seelenfriedens.

Zum Abschluss möchte ich noch ein paar Worte an die junge Autorin des Buches richten:

Liebe Esha,
da ich weiß, wie schwer es sein kann über dieses sehr persönliche und auch emotionale Thema zu sprechen bin ich wahnsinnig stolz auf dich, dass du es geschafft hast deine Gedanken und Gefühle auf ein Blatt Papier zu bringen.
Daher war es für mich eine Herzensangelegenheit diese Zeilen zu deinem Buch zu schreiben.
Ich bin dankbar einen so tollen und starken Menschen wie dich in meinem Leben haben zu dürfen und diese tiefe innere Verbindung immer besteht auch wenn wir nicht immer Kontakt haben. Ich hab dich wahnsinnig lieb!
Deine große Schwester ;-)
P.S: Du hast doch ne große Schwester, also ich weiß gar nicht was du noch mehr willst ;-)

Hema, Adoptivkind, seit 1996 in Deutschland

Vorwort

Ich bin Esha Deibel, 24 Jahre alt und komme aus Baden-Baden. Kurz nach meiner Geburt in Delhi wurde meine Welt auf den Kopf gestellt. Als Baby verbrachte ich einige Zeit in einem Waisenhaus in Indien. Nach einigen Monaten begann meine Reise „nach Hause", und ich landete mit meinen neuen Adoptiveltern in Deutschland.

Heute habe ich mich dazu entschieden, dem Thema „Ich wurde adoptiert" eine Stimme zu geben. Die Stimme eines Adoptivkindes. Es ist mir eine Herzensangelegenheit, mich dazu zu äußern. Denn „das Leben ist so bunt und manchmal eben schwarz".

Liebe Leserin, lieber Leser, ich begrüße Dich herzlich an Bord meines Buches auf der Reise meines Lebens.

„Niemand kommt von einer Reise so zurück, wie er weggefahren ist, die größte Sehenswürdigkeit die es gibt, ist die Welt, sieh sie Dir an."
Graham Greene und Kurt Tucholsky

Willkommen auf meiner Reise

Ich sitze auf dem Sofa. Wir haben einige Wochen vor Weihnachten. Sowie jedes Jahr fragte mich meine Mutter, was ich mir denn zu Weihnachten wünsche. Doch seit ich 12 Jahre alt bin, wünsche ich mir insgeheim keine materiellen Geschenke, sondern einfach, dass alle Menschen auf der Welt an Weihnachten glücklich sind. Seit ich 12 Jahre alt bin, beschäftige ich mich intensiv damit. Ich wünsche mir, dass meine leibliche Mutter, die damals wahrscheinlich selbst gerade mal 12 Jahre alt gewesen ist und mich im Kinderheim in Indien abgegeben hatte, ein genauso schönes Weihnachtsfest hat, wie ich es nun schon seit 23 Jahren erleben kann.

Doch kann man das auf den Wunschzettel seiner Adoptivmutter schreiben, die eigentlich meine Mutter ist? Wie jedes Jahr um diese Zeit merke ich, dass ich den gleichen Wunsch habe.

Bei uns wird Weihnachten immer ganz traditionell mit den Großeltern gefeiert. Jedes Jahr gehen wir zur Kirche, danach gibt es etwas Leckeres zu essen, und dann folgt die Bescherung unter dem Baum. Im Hintergrund spielt Weihnachtsmusik. Ich bekomme Geschenke, und meine leibliche Mutter hat wahrscheinlich nicht mal etwas zu essen.

Seit vielen Jahren liegt es mir am Herzen, meine Geschichte zu Papier zu bringen. Überall liest man nur von Ratgebern oder Büchern für elternlose Kinder, oder Eltern mit einem ganz großen Kinderwunsch, die ihn mit einer Adoption stillen wollen. Aber was bedeutet es überhaupt, ein „fremdes" Kind aufzunehmen oder adoptiert zu sein?

Das Waisenkind bekommt ein Zuhause

Meine Geschichte beginnt im März 1996 in Delhi, der Hauptstadt von Indien. Kurz nach meiner Geburt wurde ich im Kinderheim *„Holy Cross Social Service Center"* von meiner 12-jährigen, unterernährten und unverheirateten Mutter abgegeben. In diesem Moment trennten sich unsere Wege für immer.

Sie hatte mir keinen Namen gegeben und zum Schutz der Mutter wurden vom Kinderheim keine Daten aufgenommen. Im Kinderheim bekam ich den Namen 'Esha'. Er bedeutet 'Die Gewünschte, die Gewollte'. Das heißt, ich bin im Leben gewünscht und gewollt und sollte überleben.

Ich verbrachte 10 Monate im Kinderheim, bis mir meine neuen Eltern vorgestellt wurden. Doch was davor alles passieren musste, um ein Kind zu adoptieren, wusste ich zu diesem Zeitpunkt natürlich nicht. Im Kinderheim verbrachte ich viel Zeit mit einem Mädchen. Sie ist zwei Monate älter als ich und lebte zunächst mit ihrer Mutter auf der Straße unter freiem Himmel auf einer Baustelle, wurde dann jedoch ebenfalls ins Kinderheim gebracht. Damals ahnten wir noch nicht, wie nahe wir uns einmal stehen würden, und dass unsere Reise in das gleiche Land führen würde, nicht weit weg voneinander.

Sie wurde im Dezember 1996 von ihren deutschen Eltern abgeholt. Am 14. Januar 1997 war für mich der Tag gekommen. Meine neuen Eltern besuchten mich das erste Mal im Kinderheim.

Was man jedoch dazu sagen sollte: ein indisches Kind wird erst zur Adoption ins Ausland freigegeben, wenn es von drei verschiedenen Ehepaaren aus Indien abgelehnt wurde. In meinem Fall lag es an meinem Aussehen. Meine Nase entsprach nicht dem indischen Schönheitsideal. Zudem werden Adoptivkinder öfter als krank bezeichnet, damit die Adoption sich in die Länge zieht, oder generell abgelehnt wird. Somit ging meine Reise nach Deutschland.

Gegen 16 Uhr warteten meine neuen Eltern im Aufenthaltsraum des Kinderheims. Ich trug einen rosafarbenen Jogginganzug und wurde auf dem Arm einer Ordensschwester gebracht. Zu Anfang betrachtete ich die Situation als fremd und kritisch. Hellhäutige Menschen, die eine andere Sprache als Englisch sprachen, kannte ich nicht. Auf den Arm meiner neuen Mutter wollte ich nicht. Sie versuchte mich mit Weihnachtsplätzchen und einem braunen Teddybären namens Markus zu locken.

Damit war das erste Eis gebrochen. Wir spielten zusammen, und mein Vater nahm das Geschehen mit seiner Videokamera auf. Meine Eltern fuhren zurück ins Hotel und kamen am nächsten Tag wieder. Dort spielten wir zusammen mit den anderen Kindern, bis ‚Füttern und Essen' auf dem Tagesplan stand.

Meine Mama bekam mich auf den Schoß und war nun an der Reihe ihren ersten Versuch als Mutter zu wagen. Das war etwas schwierig. Ich war kein Kind, das essen wollte und von einer „fremden Person" schon gar nicht. Verkleckert mit Brei waren Mutter und Tochter von oben bis unten. Ich schrie so laut es ging. Die Freude, auf den Arm genommen zu werden, war erloschen. Am nächsten Tag wurde ich von meinen Adoptiveltern abgeholt. Zuvor mussten sie sich noch bei der Botschaft in Indien um mein Visum im indischen Reisepass kümmern.

Ich schlief, wie schon die ganzen Monate zuvor, in einem Schlafsaal in einem blauen Gitterbettchen, mit vielen anderen kleinen Kindern und Babys. Reihe an Reihe standen die Betten. Manche hingen an der Wand. Jeder Platz wurde ausgenutzt.

Meine Mutter zog mir auf dem Wickeltisch die mitgebrachten Kleider an, meine ersten eigenen Kleidungsstücke. Markus, der Bär war natürlich auch dabei. Zu dieser Zeit war in Indien Winter. Die Temperatur lag bei 20 Grad, trotzdem war es ein offener Raum ohne Fenster. Als hätte ich es damals geahnt, wollte ich freiwillig zu diesen zwei fremden Menschen und streckte meine Arme nach ihnen aus, zu Mama und Papa.

Bevor wir gingen, kamen zahlreiche Kinder, die schon älter waren und verabschiedeten sich von mir. Alle waren Mädchen. Sie beeilten sich, denn sie konnten es nicht mit ansehen, wie ich nun ging und eine Familie bekam. Mit den Worten „Gott beschütze dich" ging die Letzte aus dem Raum. Meine damalige Betreuerin war nicht mehr vor Ort. Zu schlimm war es für sie, meinen Abschied mit anzusehen. Nachdem wir alle Mitbringsel im Kinderheim verteilt hatten und uns nochmals herzlich für alles bedankten, verabschiedeten wir uns zu dritt und fuhren mit dem Taxi Richtung Hotel.

In dieser Nacht ging auch schon der Flieger nach Hause, in eine neue Welt. Von Kontinent zu Kontinent, quer über die Erde. Von Indien nach Deutschland. Von Delhi nach Baden-Baden. Nach Hause. Mein neues Leben begann.

Nach einem Langstreckenflug nach Frankfurt und einer Zugfahrt nach Baden-Baden lernte ich nun den Rest meiner neuen Familie kennen. Der Storch vor der Eingangstür durfte nicht fehlen. Zum ersten Mal kam ich mit der bitteren Kälte und dem Schnee in Kontakt. Das war alles sehr beeindruckend für mich. Meine restlichen Familienangehörigen lernte ich auch schnell kennen. Voller Neugier krabbelte ich im Wohnzimmer umher und erkundete die neue Gegend.

Kinderheim in Delhi / Babyklappe vor dem Kinderheim

Blättersalat statt Schwangerschaftstest

Ein Kind aufzunehmen ist für kinderlose Eltern kein einfaches Spiel. Viel Ausdauer war die erste Voraussetzung, das ist alles, was anfangs klar war. Im Keller sind mir heute nur allerlei Ordner, verteilt in vielen Schränken bekannt. Alles musste dokumentiert werden. Schritt für Schritt.

Vorgeschichte und der Weg bis zur Adoption.

Im Laufe des Jahres 1992 erfuhren meine Eltern in Folge mehrerer medizinischer Untersuchungen, dass es nur äußerst geringfügige Chancen auf eine normale Schwangerschaft gab. Meine Mutter erzählte mir später, dass sie sehr unter diesem nicht erfüllten Kinderwunsch gelitten und sich auch gewisse Vorwürfe gemacht hatte, dafür die „Schuld" zu tragen. Wie mir meine Eltern berichteten, verstärkte sich dieser Druck durch viele Schwangerschaften im Bekanntenkreis und auch mit den zunehmenden Fragen nach Nachwuchs von meinen Großeltern.

Mein Vater hatte daraufhin die Initiative ergriffen und

einen Beratungstermin über Adoptionsmöglichkeiten beim örtlichen Jugendamt vereinbart. Viele weitere Beratungstermine waren erforderlich, um die nötigen Anerkennungen und Zulassungen zu erhalten. Mit der Pensionierung der zuständigen Sozialarbeiterin änderte sich nochmals das gesamte Vorgehen für meine Eltern. Der jüngere Nachfolger ignorierte alle Vorgespräche und zwang meine Eltern quasi wieder bei „Null" zu beginnen. Außerdem bezeichnete er die Chancen auf eine Adoption in Deutschland als „sehr gering". Wie mir meine Eltern berichteten, verliefen die Gespräche mit diesem Beamten äußerst schlecht. Mit Aussagen wie: „Mit 40 Jahren darf ich Sie von der Liste streichen", versuchte er meine Eltern immer wieder zu frustrieren und dazu zu bringen, vom Wunsch einer Adoption Abstand zu nehmen. Der Sozialarbeiter war alles andere als ein Berater und legte Folgetermine so weit wie nur möglich in die Ferne, um damit den Ablauf mehr und mehr zu verzögern. In dieser Phase befassten sich meine Eltern zum ersten Mal mit dem Thema Auslandsadoptionen. Erste Kontakte nach Südamerika, die sie über einen bekannten Rechtsanwalt knüpften, zeigten für meine Eltern jedoch inakzeptable Rahmenbedingungen für Adoptionen in Lateinamerika (mit dem Schwerpunkt

Brasilien) auf. In nahezu allen Fällen sollte den leiblichen Müttern eine Art Ausgleichsgeld bezahlt werden. Das empfanden meine Eltern als eine Art Abkaufen der Kinder. Dazu kamen horrende Zahlungsforderungen an irgendwelche Beamten zur Beschleunigung der Abläufe. Nach diesen Informationen nahmen meine Eltern sofort Abstand von diesen Ländern. Die zeitraubende Suche nach anderen (legalen) Adoptionsmöglichkeiten ging weiter.

Meine Eltern hatten zu diesem Zeitpunkt bereits drei Jahre Kontakt mit dem deutschen Jugendamt. Noch immer wurden sie ca. alle sechs Wochen zu einem Beratungsgespräch – jedoch ohne erkennbaren Fortschritt - eingeladen.

Mein Vater war ehrenamtlich in der katholischen Pfarrgemeinde tätig und suchte daher den Kontakt zum örtlichen Pfarrer. In der Hoffnung, er könnte ihnen in Sachen Auslandsadoption weiterhelfen.

Über den Pfarrer erhielt mein Vater Adressen und Ansprechpartner von umliegenden Klöstern, die teilweise auch Kinderheime in Indien unterhielten. Auch ein Besuch in einem nahegelegenen Kloster durfte nicht fehlen. Dort hatten sie direkten Kontakt mit einem Priester, der in Südindien ein großes Kinderheim betreute.

Jedoch wurden sie auch darüber informiert, dass nur wenige indische Kinderheime legalisiert und anerkannt sind, um Adoptionen nach Deutschland über eine entsprechende zugelassene Sozialeinrichtung durchzuführen. Das gerade ausfindig gemachte Kinderheim in Südindien gehörte leider nicht dazu.

Doch das Treffen im Kloster änderte das weitere Vorgehen ganz entscheidend. Schließlich wurden meinen Eltern die Kontaktadressen über ein weiteres Kloster in Süddeutschland mit einem Kinderheim in Delhi und einem Freundeskreis von adoptionswilligen Eltern im lokalen Umfeld des Klosters übergeben.

Meine Eltern machten sich auf und besuchten bald darauf eine Familie aus diesem Freundeskreis, die bereits zwei indische Mädchen adoptiert hatten. Mein Vater verriet mir später, dass dieses persönliche Kennenlernen seine ursprünglichen Zweifel bezüglich einer Auslandsadoption von Kindern aus anderen Kulturkreisen und mit anderem Aussehen von einer Sekunde auf die nächste wie weggeblasen hätte.

Die Familie schilderte den gesamten Adoptionsvorgang und auch die Pflegesituation im katholisch geführten Kinderheim in Delhi unter der damaligen Leitung einer deutschen (weltlich sehr offenen) Ordensschwester, die dort alles aufbaute. Das erste Mal nach fast vier Jahren hörten meine Eltern den Satz:

„Klar ist noch viel zu tun, auch in Indien gibt es lange Wartezeiten und strenge Voraussetzungen – aber Ihr werdet mit unserer Hilfe eine Lösung für eine Adoption finden."

Meine Eltern sprachen von einer emotionalen Kehrtwende in diesem, bis dahin so frustrierenden Vorgehen. Wenig später lernten sie bei einem weiteren Treffen des Freundeskreises zu ihrer großen Freude die Leiterin des indischen Kinderheimes persönlich kennen. Sie war zu dieser Zeit schon schwer krank und gerade auf Heimaturlaub. Die Ordensschwester war mit Jeans und Pulli gekleidet und berichtete über das Leben im Heim.

Ausgebildete Erzieherinnen und Krankenschwestern kümmerten sich um die Kleinkinder. Meinen Eltern wurde mehr und mehr klar, welches Glück sie hatten, dieses Heim gefunden zu haben. Die Ordensschwester schilderte aber auch, wie schwer es für sie sei, die Kinder den ‚richtigen' Eltern zu vermitteln.

Um sich ein Bild von den potentiellen/zukünftigen Eltern machen zu können, forderte sie alle Bewerber auf, möglichst aussagekräftige, realitätsnahe und sehr persönliche Beschreibungen zu erstellen.

Eine weitere Herausforderung war die Einhaltung der indischen Gesetzgebung. Mindestens zwei indische Elternpaare mussten ein Kind abgelehnt haben, bevor es in das Ausland adoptiert werden durfte. Außerdem gab es über 1100 ausländische Bewerber für diese relativ geringe Zahl an Kindern.

Als die Bewerbungsunterlagen nach Indien verschickt wurden, informierten meine Eltern auch das Jugendamt über dieses Vorhaben. Der Sozialarbeiter reagierte wie immer - er sah tausend Bedenken und hatte sehr große Vorbehalte hinsichtlich der Legalität und der Umstände im Heim. Ebenso gab er wiederholt zu bedenken, welche Risiken meine Eltern mit dunkelhäutigen Kindern in der ,deutschen' Gesellschaft eingehen würden.

Meine Eltern ließen sich dennoch nicht beirren oder vom Wege abbringen und bewarben sich ganz offiziell beim Kinderheim. Beide Großelternpaare waren ebenfalls begeistert von diesem Vorhaben und sagten ihre hundertprozentige Unterstützung zu. Wieder vergingen Wochen des Wartens – Ende September 1996 erhielten meine Eltern den sogenannten Kindesvorschlag mit allem, was man von mir wusste, meinen gesamten medizinischen Daten und einem Passbild.

Die Untersuchungsdaten wurden unserem deutschen Hausarzt vorgelegt, dieser war sehr erstaunt über die Detailliertheit, und er sprach meinen Eltern seine uneingeschränkte Zustimmung und Unterstützung zu. Somit sagten die beiden umgehend dem Kinderheim zu und kümmerten sich nun um die offiziellen Dokumente, die vor dem indischen Sozialgericht für die Ausstellung der Vormundschaft erforderlich waren. Der Sozialarbeiter des Jugendamtes erstellte mit seiner schon bekannten Abneigung und langer Bearbeitungszeit den sogenannten *Home Study Bericht* (Eignung für Adoption). Dazu gehörte seiner Meinung nach auch eine kritische Prüfung aller Räume im damals neugebauten Einfamilienhaus meiner Eltern. Mein Kinderzimmer wurde sogar ausgemessen, ob darin auch ein Kind genügend Platz hätte.

Des Weiteren wurden Finanzen, Gesundheit, eventuelle psychische Einschränkungen, Arbeitsplatzsicherheit, polizeiliche Führungszeugnisse und vieles mehr meiner Eltern geprüft. Als über 25 Dokumente erstellt waren, mussten diese amtlich beglaubigt, übersetzt, vom Notar und vom Landgericht bestätigt und mittels Dokumentenversand nach Delhi zum Kinderheim geschickt werden.

Die Ordensschwester vertrat mit entsprechenden Vollmachten meine Eltern vor Gericht. Am 24.12.1996 war es soweit: meine Eltern erhielten den ersehnten Anruf aus Indien, dass sie nun rechtskräftig zum Vormund des Kindes Esha benannt wurden. Wenn das mal kein Weihnachtsgeschenk war!

Nach Weihnachten mussten noch einige Dokumente für mein notwendiges Visum bei der deutschen Botschaft in Delhi vorbereitet, sowie die Reise nach Indien organisiert werden. Nie zuvor waren meine Eltern in Südasien gewesen - dennoch stand für sie von Anfang an fest, dass sie mich persönlich abholen wollten. Am 14.01.1997 war es dann soweit – mit großen Erwartungen, hundertfacher Überlegung, ob alles erledigt, vorbereitet und vollständig war, startete die Reise meiner Eltern von Kontinent zu Kontinent, quer über die Erde, von Baden-Baden nach Delhi in das Kinderheim. Zwei kinderlose Eltern bekamen ein Kind, und ein Waisenkind bekam Eltern und ein neues Zuhause an einem anderen Fleck der Erde.

Unser Kind

Dein Blut ist nicht von unserem Blut,
dein Fleisch ist nicht von unserem Fleisch.
Aber du bist geboren aus unserem Herzen.
Nicht gezeugt und empfangen in einer Liebesnacht.
Wirklichkeit geworden durch Dokumente und Siegel.
Auserwählt unter Hunderttausenden, von Gott uns geschenkt.
Deine Augen sollten die Sonne sehen, jetzt sehen sie Nebel.
Deine Haut ist dunkel, für die flimmernde Hitze geschaffen.
Jetzt berühren sie bald den Frost.
Wir wollen die Sonne sein und die Wärme
durch dich sind wir verbunden mit den Völkern und Kulturen,
die wir nur aus Büchern kennen.
Du wirst wohl nie die Sprache verstehen,
die bei deiner Geburt gesprochen wurde,
wir wollen dich verstehen.
Dein Fleisch ist nicht von unserem Blut,
doch du bist gezeugt im Herzen, wo Liebe wohnt.
Auserwählt von Hunderttausenden von Gott uns geschenkt.

Von einer Adoptiv-Familie am Bodensee

Sind wir schon eine richtige Familie?

Meine Adoption lag auf ganz dünnem Eis. Nach deutschem Recht befand ich mich ein Jahr in Adoptionspflege und nach indischem Gericht waren meine Eltern mein Vormund. Etwas Sicheres war es nicht. Wenn meinen Eltern etwas zugestoßen wäre, wäre ich wieder in einem Kinderheim oder einer Pflegefamilie in Deutschland gelandet. Außerdem hätten sich meine Eltern zu diesem Zeitpunkt auch noch gegen mich entscheiden können, oder der Richter und das Jugendamt hätten der Adoption nicht zustimmen können.

Doch dann war der große Tag da: wir drei gingen vor Gericht. Erst dort wurde meinen Eltern die Adoption bewilligt. Ein Gespräch fand mit dem Richter statt. Die letzten Unterschriften und Stempel wurden gesetzt. Ich war adoptiert! Mit meinen zwei Jahren nahm ich die Sache ziemlich locker und nach einiger Zeit fing ich an, dem Richter den Schreibtisch auszuräumen. Wer kann schon von sich behaupten, so etwas schon einmal gemacht zu haben? Die Adoption war endlich durch und der Schreibtisch ein reines Chaos.

„Mama, ich wünsche mir noch eine Schwester!"

Mein sehnlichster Wunsch war es, eine große Schwester zu bekommen. Jedoch wollten die meisten Familien ein kleines Kind. Dass auch bei meiner Schwester ein langer Weg des Papierkrams folgte, war mir damals mit meinen fünf Jahren nicht bewusst.

Eines Tages zeigte mir meine Mutter ein Bild von einem fremden Mädchen, das in Indien im gleichen Kinderheim auf uns warten würde. Sie erklärte mir, dass dies meine Schwester werden würde. Ich betrachtete das Bild und machte eine enttäuschende Feststellung. Empört sagte ich zu meiner Mutter: „Mama, dieses Kind sieht nicht aus wie ich. Sie hat viel hellere Haut und prachtvolle Locken auf dem Kopf! Sie sieht mir nicht ähnlich." Für den ersten Moment wollte ich diese „Schwester" nicht. Ich erklärte meiner Mutter, dass wir dieses Kind nicht holen könnten.

Einige Monate vergingen, der Sommer brach an und der Flug nach Indien rückte immer näher. Viele Adoptiveltern ließen zu dieser Zeit ihr Kind auch nach Deutschland bringen. Doch das kam für unsere Familie nicht in Frage.

Einige Tage vor dem Flug fingen wir an unsere Sachen zu packen. Die wichtigsten Sachen befanden sich für mich in einem kleinen roten Rucksack. Ein paar kleine Spielsachen und meinen Teddybär Markus passten wunderbar hinein. Für meine neue Schwester suchte ich einen ähnlichen Bär wie „Markus" aus meiner Kuscheltiersammlung heraus. Ich war mir sicher, dass auch sie so einen Bären in ihrem zukünftigen Leben gebrauchen könnte.

Der Flug im doppelstöckigen Lufthansa-Flieger war für mich spannend. Flugzeuge liebe ich bis heute. Ich bekam Spielsachen und war beschäftigt.

In der Nacht landeten wir in Delhi. Als 5-jähriges Kind musste ich am Flughafen dringend auf die Toilette, doch der Anblick dieses Plumpsklos brachte mich dazu, nicht mehr Pipi zu müssen. Noch nie hatte ich zuvor so etwas gesehen.

Wir fuhren mit dem Taxi in unser gebuchtes Hotel. Es war das gleiche Hotel, in dem meine Eltern bereits den Aufenthalt für meine Adoption 1997 verbracht hatten. Am nächsten Morgen bewunderten wir den Hotelpark mit bunten Papageien und einem großen Pool. Kurze Zeit später waren wir auch schon mit dem Taxi auf den Straßen Indiens unterwegs. Der Bär Markus und der andere Bär der etwas heller war – sein Name war Max – waren beide an Bord. Ich hatte bewusst den helleren Bären ausgewählt, da auch die Hautfarbe meiner Schwester im Ton um einiges heller war als meine. Darum dachte ich würde Max gut zu ihr passen.

Im Taxi hinten am Fenster saß ich und starrte mit meinen 5 Jahren auf die dreckigen Straßen Delhis. Der Verkehr ging schleppend voran. Weiße Kühe liefen vor dem Auto umher. Viele Radfahrer und ein lautes Gehupe überschallten meine Ohren. Ich wusste gar nicht mehr, wo ich zuerst hinsehen sollte.

Mit vielen Fragen löcherte ich meinen Vater. „Papa, warum hat der Junge da draußen nur ein dreckiges Unterhemd an?" Zur Antwort bekam ich: „Esha, das ist wahrscheinlich alles was der Junge hat. Das Hemd war sicherlich ein Geschenk seines Vaters, der auch nicht mehr besaß." Von der vielen Armut und dem Verkehr war ich geschockt, beindruckt und fand erstmals keine weiteren Worte.

Im Kinderheim warteten wir im Aufenthaltsraum auf meine Schwester. Ausgemacht war von den Ordensschwestern und meinen Eltern, dass ich meine Schwester als erstes begrüßen sollte und sie auf dem Arm halten durfte. Plötzlich kam eine Ordensschwester, hellhäutig, gebürtig aus Österreich mit einem kleinen Mädchen auf dem Arm die Tür herein. Die Kleine war ein richtiger Lockenkopf mit einer kleinen Masche im Haar. Sie trug einen Matrosenanzug mit passenden Schühchen dazu. Dieses Outfit hatte sie von ihrer Lieblingspflegerin bekommen. Das war der Moment, als ich Sapna das erste Mal zu sehen bekam – in echt. Kein Kontinent trennte uns mehr. Wir waren vereinigt. Sapna wurde mir übergeben und stolz hielt ich sie auf meinem Arm.

Kurze Zeit später war auch Mama an der Reihe, ihre neue Tochter kennen zu lernen. Das Kind mit dem Daumen im Mund war jedoch nicht sehr interessiert an dem von mir mitgebrachten Teddybären Max. Warum auch so einen Bären nehmen, wenn es den eigenen Daumen gab? Schließlich konnte ihr diesen niemand mehr wegnehmen – im Gegensatz zum Bären. Also gingen Max und Sapna erst einmal getrennte Wege.

Wir saßen stundenlang auf der Hollywoodschaukel auf der Terrasse des Heims, wo viele Kinder um uns herum waren. Nun kam auch der Moment wie damals bei mir, als die Kinder gefüttert wurden. Dieses Ereignis hatte meine Mutter in keiner guten Erinnerung – wollte ich doch immer nur allerhöchstens mini kleine Portionen zu mir nehmen oder überhaupt nichts. Doch schnell stellte sich diesbezüglich ein gravierender Unterschied zu meiner Schwester heraus - jedes Kind ist eben anders. Mit großem Appetit und ohne Gebrüll und Geschrei verdrückte meine Schwester in wenigen Minuten ihren gesamten Brei. Diese Prüfung haben die beiden eindeutig besser bestanden als ich damals mit Mama. Meine Mutter war happy, endlich ein Kind zu haben, das ohne jeglichen Aufwand einfach nur isst.

Ich war zur damaligen Zeit immer noch ein großes Problem was das Essen anbelangte. Denn ich aß noch immer so gut wie nichts. Alle waren froh, dass ich die leckeren Kekse im Heim dankend annahm und diese zu verzehren begann. Der Geschmack der Kekse erinnerte mich an Spekulatius zu Weihnachten in Deutschland. Uns wurden alle Räumlichkeiten des Heimes gezeigt. Auch das Schlafzimmer der Kinder. Mein blaues Gitterbett von damals stand immer noch am selben Fleck. Dort lag auch ich einige Jahre zuvor drin. An der Wand hingen kleine Bettchen, wo die kleinen Babys ihren Schlafplatz hatten. Meine Schwester war eines davon.

Ich betrachtete in diesem Raum alles ganz genau. Ein orangener Bär saß – wie 4 Jahre zuvor - noch immer in meinem Bett. Auch er hatte mich damals für eine gewisse Zeit begleitet. Plötzlich fiel mir ein kleines Mädchen

in seinem Bett an der Wand auf. Viele Pusteln über-
deckten die zarte dunkle Babyhaut. Neugierig fragte ich
meine Mutter: „Mama, was hat das Kind da, das hat so
komische Haut". Die Ordensschwester erklärte uns, dass
Mädchen in Indien im Vergleich zu Jungs keinen Wert
haben. Dieses Kind sollte mit Säure übergossen zu Tode
kommen. Ziemlich traurig und geschockt betrachtete
ich dieses Baby in seinem gelben Body. Die sogenannten Streetworker des Kinderheimes gehen durch die
Armenviertel der Stadt und retteten auch dieses Kind
vor dem sicheren Tod. Dadurch hatte auch dieses Kind,
wie wir alle anderen, die Chance auf ein Leben bekommen. Viele Kinder, vor allem Mädchen, sind in Indien
ungewollt und werden daher häufig nach ihrer Geburt
umgebracht. Einige wenige Kinder, die sehr viel Glück
haben, werden zumeist anonym von ihren Müttern in
einem Kinderheim abgegeben. Deshalb befand sich
zu dieser Zeit auch kein Junge im Heim, denn Jungen
sind in Indien das hochbegehrte Geschlecht. Sie sichern
zumeist den Unterhalt der älteren Generation – Mädchen kosten stattdessen viel Geld, wenn die Mitgift zur
Hochzeit fällig ist.
Draußen im offenen Spielraum auf der Terrasse, wo es
keine Fenster gab, war man der drückenden Hitze und

der hohen Luftfeuchtigkeit komplett ausgesetzt. Der starke Monsunregen mit schnell wechselnden sonnigen Abschnitten verstärkte dieses unangenehme Gefühl ständig durchschwitzter, klebriger Kleidung. Mein T-Shirt klebte regelrecht an mir fest. Unser erster Tag im Heim neigte sich bald dem Ende zu. Meine Eltern und ich verabschiedeten uns im Kinderheim und fuhren mit dem Taxi zurück ins Hotel. Meiner Schwester stand noch ihre letzte Nacht im Kinderheim bevor.

Im Hotel angekommen testeten wir noch den Pool. Ich mit meinen 5 Jahren konnte damals nicht gut schwimmen. Meine Angst vor dem Wasser lag wahrscheinlich daran, dass ich ein halbes Jahr zuvor in einem Hotelpool fast ertrunken wäre und in letzter Sekunde gerettet werden musste. Wasser war mir seit diesem Erlebnis nicht mehr geheuer. Trotz alledem machte ich nun erstaunliche Schwimmfortschritte im Hotelpool. Es klappte immer besser und bald auch ohne Schwimmflügel.

Im Hotelzimmer gab es wieder einmal einen Stromausfall. Mein Vater, der sich zu diesem Zeitpunkt im Bad befand, stand plötzlich im Dunklen und rief uns um Hilfe. Diese ungewohnten Umstände amüsierten mich sehr. All dies kannten wir von Deutschland nicht.

Am nächsten Morgen wartete eine Ordensschwester

vor unserem Hotel. Unser gemeinsamer Ausflug ging zur Deutschen Botschaft in Delhi zur Beantragung und Abholung von Sapnas Reisepass mit dem Einreisevisum für Deutschland. Also kämpften wir uns wieder durch den Straßenverkehr der indischen 20-Millionen-Metropole.

Stundenlang mussten wir trotz bevorzugter Behandlung in der Botschaft warten. Ich hatte fast keine Geduld mehr und wusste nichts mit mir und der Warterei anzufangen. Wir wurden pausenlos von vielen hundert wartenden Indern beobachtet, die ebenfalls dort warteten, bis sie dran waren. Keiner der Inder konnte wirklich zuordnen, wie ich, dieses kleine indische Mädchen zu zwei hellhäutigen Menschen gehörte. Ich war genervt, ich wollte einfach in das Kinderheim zu meiner Schwester, um sie abzuholen. Ich hatte absolut kein Verständnis für all diesen formalen und ewig langwierigen Aufwand. Nach zu vielen Stunden hatten wir endlich diesen roten deutschen Reisepass mit Visum für Sapna in unseren Händen. Auch bei ihr stand kein Nachname im Pass – sie hatte ja auch keinen. Auch sie musste mit dem Nachnamen „No-Name" ausreisen.

Endlich konnten wir die Fahrt zum Kinderheim fortsetzen. Nach einer gefühlten Ewigkeit, total genervt und im dichten Verkehr nur sehr langsam vorankommend, erreichten wir endlich das Kinderheim. Vor dem Kinderheim saß ein etwa 4 Jahre altes Mädchen mit einer kleinen Schale vor sich und ein paar Münzen, mutterseelenalleine. Ich fing an, meinen Papa zu löchern: „Papa, warum sitzt das Mädchen da? Hat es keine Eltern?" Mein Vater erklärte mir, dass das Kind um Geld betteln musste für sich und seine Familie.

Ich fragte mich, wieso man ein Kind alleine dort sitzen lässt und warum es nicht auch in das Kinderheim kommt. Für mich war es völlig unverständlich, dass ein kleines Mädchen vor einem Kinderheim sitzt, aber nicht aufgenommen wurde. Die Ordensschwester versuchte es mir zu erklären, dass schließlich nicht alle Kinder Indiens in diesem Kinderheim aufgenommen werden könnten. Sie erklärte weiterhin, dass dieses Kind vermutlich eine Familie habe und einfach nur zum Betteln hier ausgesetzt wurde. Stundenlang saß das Mädchen da, ich beobachtete es weiterhin vom Heim aus.

Meine Schwester wurde zur Abholung fertiggemacht. Sie trug wieder ihren Matrosenanzug, den sie von ihrer Betreuerin geschenkt bekam. Nun nahmen wir dieses Kind mit, der Abschied war gekommen. Für alle Ordensschwestern und die restlichen Kinder des Heimes ist das Abschied nehmen ein sehr bewegender Moment. Bei meiner Familie überwog die große Freude, dass wir nun endlich vereint waren.

Im Hotel angekommen legte meine Mutter meine Schwester zum Schlafen hin. Ich war hellwach, doch ich legte mich voller Neugier zu ihr ins Ehebett. Ich zog mir sogar meinen Lieblingsschlafanzug von Susi und Strolch an. Denn schließlich wollte ich diesen stolz meiner neuen Schwester präsentieren. Ich tat, als würde ich tief und fest schlafen, doch immer, wenn meine Eltern wegsahen, machte ich die Augen auf und bewunderte dieses kleine Mädchen.

Später gingen wir zum ersten Mal als vierköpfige Familie zum Hotelpool. Dort machte meine Schwester ihre erste Erfahrung mit dem Wasser und ich zeigte ihr meine neu erlernten Schwimmkünste. Das Abendessen rückte immer näher und ich vergaß es mal wieder zu essen. Meine Schwester freute sich über jede Fütterung wie ein kleiner Löwe. In dieser Nacht ging dann auch schon der Flieger nach Hause. Sapna bekam ein kleines Bettchen im Flugzeug in der ersten Reihe. Wir hatten viel Platz zum Spielen und sie zum Schlafen.

Drei Tage zuvor waren wir zu unserer Reise quer über den Erdball gestartet und nun saßen wir schon wieder im Zug von Frankfurt nach Baden-Baden. Jetlag kannten wir alle nicht zu diesem Zeitpunkt, schlafen wurde vor lauter Aufregung und neuen Eindrücken überbewertet. In Baden-Baden warteten schon meine Großeltern, um uns in Empfang zu nehmen. Auf der Zugfahrt hielte ich meine Schwester auf dem Schoß, ich fütterte sie und gab ihr das Fläschchen. So, wie sich das eben als nun große Schwester gehörte.

Auch bei ihr stand ein Storch vor der Eingangstür unseres Hauses. Doch ich fragte mich, wie der Storch den weiten Anflug von Indien nach Deutschland geschafft hatte und verstand diese Sache nicht wirklich. Schließlich musste er ja quer über die Welt fliegen. Doch das Thema Storch hinterfragte ich nicht länger, zu viel Neues gab es gemeinsam mit meiner Schwester zu entdecken.

Ich war wieder in meiner „normalen Welt" angekommen – weit weg von meinem eigentlichen Heimatland Indien. Der erste Kindergartentag nach dieser Reise stand wieder an, und der normale Familienalltag nahm seinen Lauf. Zum ersten Mal ging ich mit 5 Jahren voller Freude in den Kindergarten und meine kleine Schwester brachte ich gleich mit. Stolz erzählte ich, dass ich mit einem großen Flugzeug geflogen wäre und meine

Schwester abgeholt hätte. Dass ich dieses Mädchen ganz zu Anfang beim Anblick des ersten Fotos nicht gewollt hatte, gehört längst der Vergangenheit an.

In den Kinderwagen meiner Mutter schaute zu dieser Zeit jeder einmal hinein. Viele Fragen kamen auf, doch was ich nie verstand war die Frage: „Sind es richtige Geschwister?" Mürrisch sagte ich immer „Ja", aber meine Mutter antwortete selbstbewusst „Nein". Da waren die Diskussionen und Fragen von Anfang an schon immer vorprogrammiert und nahmen einen Teil des Raumes in unserem Leben ein. Auch wenn ich von Anfang an wusste, dass wir nicht von derselben Mutter waren, konnte ich solche Dinge nur schwer wegstecken.

Kinder und Babybetten im Heim

Hollywoodschaukel im Spielezimmer

Kinderbetten im Schlafsaal

Warum sehe ich anders aus?

Schon im Kindergartenalter wurde ich mit solchen Erfahrungen konfrontiert. Warum sehe ich anders aus? Ich kann mich noch gut erinnern, wie ich vom Kindergarten oft traurig und voller Fragen nach Hause kam. Ich begrüßte eines Tages meinen Vater nach der Arbeit mit der Frage:

„Papa was ist ein 'Negerle'?"

Daraufhin wollte mein Vater wissen, woher ich dieses Wort hatte. Ich selber wusste nicht, was es bedeutete, aber aufgrund meines anderen Aussehens wurde ich immer so genannt. An einem anderen Tag kam ich nach Hause und fragte meine Mutter in der Küche hoffnungsvoll:

„Mama, kannst du mir Mehl auf meine Haut machen?"

Meine Mutter gab zur Antwort:

„Aber Esha, warum denn? Wir backen doch nicht."

„Weißt du, Mama, wenn du mir Mehl auf die Haut gibst, dann sehe ich aus wie alle anderen Kinder", erklärte ich ihr daraufhin.

Ein andermal wurde ich sogar gefragt, ob man schmutzig werden würde, wenn man mich an meiner Haut berühren würde, oder ob durch meinen Körper blaues Blut fließt. Bis heute werde ich mit diesem Thema immer mal wieder im Alltag konfrontiert. Im Jugendalter wollte ich beim Friseur grundsätzlich blonde Haare wie meine Mutter und am liebsten blaue Augen. Aber ich bin eben ein indisches Mädchen mit schwarzen langen Haaren und brauner Haut.

Immer häufiger kam ich nach der Schule traurig und niedergeschlagen nach Hause. Oft mit blutender Nase oder fehlenden Sachen. Meine schulischen Leistungen ließen nach und ich landete beim Kinder- und Jugendpsychologen. Was ein anderes Aussehen mit einem Kind anstellen kann, und was daraus folgt, kann fatal sein.

Ich erinnere mich noch ganz gut, wie ich eines Tages von der Bushaltestelle tränenüberströmt nach Hause rannte. Der Nachbarjunge fragte sich, ob bei uns jemand gestorben wäre, so sehr schluchzte ich.

Unterstützung oder Rückhalt fand ich bei niemandem. Mit den Worten meiner Eltern konnte sich meine Kinderseele nicht zufriedenstellen.

„Esha, du musst da einfach darüberstehen. Zeig doch, wie stark du bist, lass dir nichts anmerken."

Aber wo sollte ich die Dinge hinstecken, wofür ich überhaupt keine Taschen hatte? Nach langem Hin und

Her folgte ein Schulwechsel, der eine deutliche Besserung mit sich brachte. Jedoch warteten dort ganz andere Hindernisse auf mich.

Ein verliebter Junge stalkte mich über mehrere Jahre lang. Auch dies war keine einfache Zeit. Besonders wollte er mir schmeicheln, indem er von Indien erzählte oder mir heimlich kleine indische Geschenke zusteckte. Ich konnte damit jedoch überhaupt nichts anfangen. Die Ablehnung wurde immer größer.

Bis heute kommt dieses Thema immer mal wieder auf, nur eben auf eine andere Art und Weise. In der Berufsschule wurde ich plötzlich aus heiterem Himmel gefragt, ob ich denn gekauft sei, und ob meine Eltern viel Geld hätten, wenn sie zwei Kinder hätten kaufen können. Heute schaue ich schmunzelnd über solche Fragen hinweg. Gerne gebe ich in solchen Fällen auch eine passende Antwort, die ich mir über die Jahre hinweg zurechtgelegt habe. Selbstbewusst antworte ich dann: „Siehst du den Barcode auf meiner Stirn? Da wurde ich an der Kasse abkassiert."

Dass eine Adoption alles andere als ein Kauf ist, wissen viele Menschen nicht. Man konnte auch nicht einfach in das Kinderheim gehen und sich ein Kind aussuchen wie in einem Supermarkt.

Alle Kinder sehen aus wie ich

Für einen Tag im Jahr war ich wie alle anderen Kinder auch, dunkelhäutig und adoptiert. Keiner wurde aufgrund seiner Hautfarbe ausgeschlossen oder durfte nicht mitspielen. Doch diesen Tag gab es nur einmal im Jahr – beim Indientreffen'.

Auch dieses Jahr war es wieder soweit, das gemeinsame „Indientreffen" stand an. Dort schlossen sich Eltern mit indischen Adoptivkindern aus dem *Holy Cross Social Service Centre Delhi* zusammen.

Wir alle hatten eines gemeinsam: Wir sahen alle gleich aus und kamen alle aus dem gleichen Heim. Dieses Treffen wurde vom Jugendamt in Konstanz organisiert. Es war schon zur Routine geworden und zum Highlight des Jahres. Ich freute mich immer auf diesen schönen Tag. Meine Spielgefährtin stand von Anfang an schon fest. So hatte es das Leben gewollt.

Das Mädchen, mit dem ich mich gleichzeitig im Kinderheim befunden hatte, war auch hier zu meiner besten Freundin geworden. Seit meiner Ankunft in Deutschland hatten wir und unsere Eltern regelmäßigen Kontakt. Wir beide waren zeitgleich das Wunder. Zwei indische Gesichter schauten damals aus den Kinderwagen deutscher Eltern. Beide Kinder von den Straßen Indiens.

Das Indientreffen fand immer am Bodensee statt. Für uns Kinder kam ein Clown und mit ihm viele weitere Spielattraktionen. Niemand wurde ausgeschlossen. Wir waren wie Schicksalsgenossen und machten sehr gerne alles zusammen.

Sapna, meine Schwester war anfangs noch zu klein – später wurden wir zum Trio. Wir waren die drei Mädels aus dem Kinderheim. Ein Schicksal und eine Verbindung für immer. Ganz egal, wohin uns der Weg auch führte und wie das Leben seinen Lauf nehmen würde. Denn eines hatten wir gemeinsam: Wir gingen von Anfang an alle auf die gleiche Reise.

Ein unverhofftes Team

Weg vom Schulstress und der schrecklichen Grundschulzeit. Die Sommerferien standen endlich an. Das bedeutete für mich sechs Wochen Ruhe und keine Hänseleien. Wie jedes Jahr um diese Zeit fuhren wir meistens für zwei Wochen in den Urlaub. Dieses Jahr stand ein Wanderurlaub in Österreich an. Ich mit meinen zehn Jahren und meine kleine Schwester freuten uns darüber, in die Berge zu fahren. Denn meistens reisten wir in die Toskana auf ein Weingut mit Tieren. Doch dieses Jahr stand ein anderes Ziel auf dem Plan.

Nach langer Autofahrt wurde der Familienwagen endlich im Parkhaus des Hotels abgestellt. Wir stiegen aus und machten aus der Ferne schon die Begegnung mit zwei Mädchen, die mir und meiner Schwester verblüffend ähnlich sahen, dahinter folgten zwei hellhäutige Menschen. Mutter und Vater. Genauso wie bei uns. Wir wechselten unsere ersten Blicke aus und waren überrascht. Selten sieht man diese Menschenkonstellation außerhalb unseres ‚Indientreffens'.

Was dieser Urlaub noch mit sich bringen würde, wussten wir bei unserer Ankunft noch nicht. Doch ein Tag später war das Eis zwischen uns schon gebrochen. Immer wieder begegneten wir uns im Hotel und freundeten uns an – was nicht schwer ist, wenn man gleich aussieht. Die Familie kam aus Belgien und sprach Niederländisch. Wir wurden zu viert ein gutes Team. Gleiches Alter und gleiches Aussehen. Doch das war nicht alles, was uns verband. Auch diese beiden Mädchen waren aus Indien adoptiert worden. Wir verbrachten viel Zeit miteinander. Unsere Eltern saßen jeden Abend zusammen, während wir vier Mädchen miteinander spielten. Verständigen konnten wir uns, obwohl wir nicht die gleiche Sprache miteinander sprechen konnten. Die Kinder konnten kein Wort Deutsch und Sapna und ich kein Niederländisch. Da hatten es unsere Eltern schon einfacher, die sich alle auf die deutsche Sprache einigen konnten. Das Sprachproblem hielt uns Kinder dennoch nicht davon ab, uns toll zu verstehen. Wir hatten das gleiche Schicksal, wir sahen uns ähnlich, und wir waren alle in einem Alter. Da konnte einfach nichts schiefgehen!

Den ganzen Urlaub verbrachten wir mit gemeinsamen Ausflügen und Unternehmungen. Am Abend schlichen wir Kinder uns in das Nachbarhotel. Dort gab es ein riesiges Trampolin und ein Spieleparadies für alle. Nach dem Abendessen, das jede Familie für sich einnahm, stellte meine Schwester stets die gleiche Frage:

„Mama und Papa, darf ich zu den zwei braunen Mädchen spielen gehen?"

Meiner Schwester ist es nicht aufgefallen, dass sie selbst auch ein ‚braunes Mädchen' war. Meine Eltern schmunzelten darüber. Bis heute amüsieren wir uns über diese Aussage.

Auch noch Jahre später besuchen wir uns nach dem Urlaub gegenseitig. Der Kontakt zur belgischen Familie besteht bis heute. Eine Freundschaft wurde geschlossen, ab der ersten Minute.

Back to the roots – zurück zu den Wurzeln

2007 hatte meine Oma einen runden Geburtstag. Statt Geschenken wünschte sie sich eine Spende an das Kinderheim in Indien. Das nahm mein Vater zum Anlass, eine Indienreise für drei Generationen zu planen. Es war unsere Reise ‚back to the roots' – zurück zu den Wurzeln. Die Reise war für die Osterferien 2008 geplant.
Tausende Gedanken gingen mir davor durch den Kopf: War ich bereit für diese Reise? Wollte ich das alles nochmal sehen? Wollte ich wissen, woher genau ich kam? Gab es dort Informationen über meine Herkunft, die ich erfragen könnte?
Ich war zu diesem Zeitpunkt nicht sehr begeistert von dieser Reiseidee. Meine Schwester mit ihren damaligen acht Jahren genauso wenig. Also nahm ich Kontakt mit meiner damaligen Spielgefährtin aus dem indischen Heim auf. Sie war für mich mittlerweile wie eine große Schwester geworden. Wir tauschten uns über die Reise aus und teilten die Einstellung, nicht wissen oder sehen zu wollen, wie es in Indien war.
Am 15. März, kurz nach meinem 12. Geburtstag, war es soweit: Die große Reise begann. Mit meinem grünen

T-Shirt mit weißen Punkten, das ich einige Tage zuvor zu meinem Geburtstag bekommen hatte, stieg ich in Frankfurt in den Flieger.

Nach 8 Stunden Flug mit Zwischenstopp landeten wir in Delhi, der Hauptstadt von Indien. Willkommen im Heimatland. Hier kam ich also her.

Schon als wir aus dem großen Flugzeug stiegen, wurde mir klar, wie weit weg wir von zu Hause waren. Es war mitten in der Nacht und dennoch total warm. Die stinkende Luft schnürte mir den Atem ab. Am Kofferband ging meine Mutter wie immer auf und ab und hoffte, dass unser Gepäck trotz Zwischenstopps ankam und alles glatt lief. Wahrscheinlich hatte meine Mutter schon eine Vorahnung gehabt. Tatsächlich fehlte ein Koffer. Nach langem Hin und Her und viel Theater wegen des verschwundenen Koffers fuhren wir mit dem Taxi in unser Hotel. Nach dem langen Flug waren wir alle hungrig und gingen daher zum gemeinsamen Abendessen mitten in der Nacht ins Hotelrestaurant.

Ich freute mich total, denn die letzte Mahlzeit war schon etwas her. An die Zeitverschiebung von plus 4,5 Stunden gegenüber Deutschland mussten wir uns in den nächsten Tagen erst noch gewöhnen. Das Flugzeugessen war nicht sehr überzeugend gewesen. Ich bestellte im Hotel eine Pizza mit einem Mango-Saft dazu. Doch was ich total vergaß, war, dass in Indien das Essen sehr scharf ist. Diese Schärfe war ich mit meinen gerade zwölf Jahren absolut nicht gewöhnt. Die Pizza konnte ich deshalb so gut wie nicht essen. Also ging ich eben mit leerem Magen ins Hotelzimmer und schlief ein.

Am nächsten Morgen startete unsere organisierte Rundreise. Kaum eingeschlafen, mussten wir schon wieder aufstehen. In Indien geht die Sonne viereinhalb Stunden eher auf als in Deutschland. Wir hatten einen kleinen Bus mit einem Fahrer, einem Beifahrer und einem deutschsprachigen Reiseleiter extra für unsere sechsköpfige Familie bestellt. Nun ging es los durch die Hauptstadt von Indien. Wir kamen am Roten Fort vorbei und besuchten verschiedene Tempel. Der Verkehr beeindruckte mich wie schon damals, als wir meine Schwester abgeholt hatten. Überall war die Armut zu sehen und zu riechen.

Nur noch eine Nacht und wir besuchten das Kinderheim. Ich konnte mich überhaupt nicht mehr daran erinnern, war ich aufgeregt oder eher gelassen? Was sollte ich anziehen? Was konnte ich dort alles fragen?

Nach dem indischen Frühstück, bei dem ich tatsächlich ein bisschen Brot und Eier essen konnte, ging es los. Unsere Taschen waren vollgepackt mit Geschenken für die Kinder im Heim. Da es in Indien keine Straßennamen gab, wusste auch unser Fahrer nicht genau, wohin wir mussten. Das Kinderheim lag etwas außerhalb der Stadt. Zu diesem Zeitpunkt befand sich das Heim an einem anderen Standort als 1996, denn es wurde zwischenzeitlich in einen größeren Neubau verlegt.

Aufgeregt und voller Sorge saß ich im Bus und schaute auf den Verkehr Indiens. Was war, wenn meine Eltern mich dort lassen würden oder die Menschen mich dort behalten wollten? Nur keine Panik, dachte ich mir. Nach einigem Durchfragen und mehrmaligem Verfahren kamen wir endlich an. Ein großes Haus am Rande der Straße tauchte vor uns auf.

Wir stiegen aus dem Bus und wurden sehr herzlich empfangen. Beim gemeinsamen Tee und Kekse essen, saßen wir mit den Ordensschwestern beisammen. Man muss jedoch dazusagen, dass unser Besuch schon Wochen voraus angemeldet werden musste. Zwei der

Ordensschwestern kannten mich und meine Schwester noch aus unserer Zeit im Heim. Die Freude, Neugier und die Emotionalität waren bei der ganzen Familie unübersehbar. Meine Schwester und ich bekamen Fußkettchen vom Heim geschenkt. Mein Vater erzählte von den vergangenen Jahren. Bis es zu dem Moment kam, an dem es um unsere Daten ging. Ich war natürlich voller Hoffnung, endlich etwas von meiner leiblichen Mutter zu erfahren.

Es wurde ein dickes Buch gebracht, in dem ein Baby-Foto von mir zu sehen war. Außerdem standen dort ein paar Informationen über mich. Jedoch beglückten mich diese Informationen nicht. Keine Spur von dem Namen meiner Mutter, kein Bild, nichts. Alles was darin stand, war mein Geburtsdatum und dass ich (vermutlich) einen Tag nach der Geburt anonym im Heim abgegeben worden war. Die Enttäuschung war groß. Schnell wurde ich durch andere Dinge abgelenkt. Es war Zeit die anderen Kinder und Babys zu treffen.

Zuerst gingen wir in einen Raum, in welchem die Bettchen der Kleinkinder untergebracht waren. Im ganzen Kinderheim waren fast ausschließlich nur Mädchen. Wir gingen in dem Raum umher und nahmen die Babys auf den Arm. Ich bewunderte jedes Kind. Plötzlich war mir ein kleiner Junge aufgefallen, einer der ganz wenigen Buben in diesem Heim.

Ich nahm ihn auf den Arm, schloss ihn sofort in mein Herz und wollte ihn nicht mehr hergeben. Einen kleinen Bruder hatte ich mir schon immer gewünscht. Ich ließ ihn nicht mehr los. Etliche Bilder mussten meine Eltern von mir und dem Kleinen machen. Ich nannte ihn einfach David, da ich seinen indischen Namen nicht richtig verstand und auch nicht aussprechen konnte. Nun wurden auch die etwas älteren Kinder auf uns aufmerksam.

Nur sehr selten besuchen zwei indische Mädchen mit hellhäutigen Angehörigen das Heim. Meine Schwester machte sich zu diesem Zeitpunkt daran, die mitgebrachten Bälle an die Kinder zu verschenken. Alle Kinderaugen strahlten – im Heim gab es fast keine Bälle und so waren diese Geschenke für sie das Größte.

Meine Schwester, die das Ganze anfangs etwas skeptisch betrachtet hatte, fühlte sich unter den gleichaussehenden Mädchen total wohl. Wir spielten Ball und schaukelten auf einer Hollywoodschaukel. Das war immer noch dieselbe Schaukel, auf der wir schon vor sieben Jahren viel Zeit verbracht hatten, als wir damals meine Schwester abgeholt hatten.

Im unteren Stock machten sich die Schulkinder schon in einem Sitzkreis für eine Feier zurecht. Eine indische Familie, die auch ein Kind aus dem Heim adoptiert hatte, war zum gleichen Zeitpunkt zu Besuch und feierte gemeinsam mit den Heimkindern den Geburtstag ihrer Tochter. Es wurden Lieder gesungen und es gab Kekse und Kuchen für die Kinder. Auch meine Schwester und ich bekamen Kekse. Offensichtlich sind Kekse sehr begehrt in einem Kinderheim.

Gegen Nachmittag war Spielen im Garten angesagt. Es standen Schaukeln, Wippen und eine Rutschbahn im Garten des Heims. Draußen war es durch die hohe Luftfeuchtigkeit schwül und heiß und dadurch sehr unangenehm. Selbstständig zogen sich die Kinder ihre Schuhe an, die wie üblich in Indien vor der Türe aufbewahrt wurden. Manche Kinder trugen viel zu große Schuhe – die anderen wiederum zu kleine – richtig gepasst haben keine. Mir fiel ein kleines Mädchen auf, das bei dieser Hitze von weit über 30 Grad Winterboots anzog. Das waren eben die einzigen Schuhe, die noch übrig waren. Nicht jeder hatte offene Sandalen oder Flip-Flops wie bei uns in Deutschland. Dort wurden die Winterschuhe im Winter getragen und im Sommer eben leichte Stoffschuhe. Wir schauten den vielen Kindern beim Spielen zu und die Ordensschwester widmete uns ihre Zeit für allerlei Fragen.

Der Tag neigte sich dem Ende zu und die Verabschiedung stand an. Zu diesem Zeitpunkt war ich meinen Eltern immer auf Schritt und Tritt gefolgt. Als mich die Ordensschwester, die mich schon als Baby gekannt hatte, umarmte, versuchte ich, mich schnell loszueisen. Was wäre, wenn sie mich behalten wollte, und ich es nicht mehr zurück in unseren Bus schaffen würde? Das Risiko und die Angst waren für mich zu diesem Zeitpunkt zu groß. Manchmal schoss mir der Gedanke durch den Kopf, was wäre, wenn es meinen Eltern gefiele, dass man mich hier mochte und sie würden mich hier lassen?
Wir verabschiedeten uns von allen, und ich ging mit einem lachenden und einem weinenden Auge zum Bus zurück. Der nächste Halt war für mich genauso nervenaufreibend, interessant und voller Fragen. Wir fuhren zum alten Kinderheim. Dort wo meine Schwester und ich damals abgegeben worden waren. Das Gebäude war noch das gleiche, jedoch war es zu einer Einrichtung für junge, HIV infizierte Frauen umfunktioniert worden. Die kleine Babyklappe stand trotzdem noch vor dem Gebäude. Sie hatte Ähnlichkeit mit einer herunterge-

kommenen Hundehütte. Eine weiche, warme Decke für ein Neugeborenes war nicht zu sehen. Nur ein Kartoffelsack war darin zu finden. Uns wurde erklärt, dass alles andere sofort geklaut werden würde.

Nun stand ich vor diesem Haus sowie vor 12 Jahren – damals gemeinsam mit meiner leiblichen Mutter. Ich war nun zu diesem Zeitpunkt genauso alt wie sie damals. Kinder in meinem Alter hielten sich vor dem Gebäude auf und sprachen mich in ihrer Sprache an. Ich verstand natürlich kein Wort. Ich schaute in jede Ecke. Tausende Gedanken schossen mal wieder durch meinen Kopf. Ich war meiner leiblichen Mutter näher als je zuvor und doch so unendlich weit weg. Am liebsten wäre ich alle Straßen Indiens abgelaufen und hätte nach ihr gesucht. Bei jeder Frau, die mich ansah, suchte ich eine Ähnlichkeit.

Ob sie wohl meine Mutter sein könnte? Waren die Kinder vor dem Heim vielleicht meine Geschwister? Ich hatte nur eine Bedingung an mich selbst: *Bloß nichts anmerken lassen.*

Denn schließlich wollte ich meine mitreisende deutsche Familie nicht enttäuschen. Am liebsten hätte ich mich mit einem Schild vor das Kinderheim gestellt. Was hätte ich darauf geschrieben?

Mama ich bin's, das Kind, das Du im März 1996 hier abgegeben hast.

Um die halbe Welt war ich geflogen, um an diesen Ort zurückzukehren, doch ich fand niemanden. Voller Eindrücke fuhren wir Richtung Hotel zurück. Der kleine Junge im Heim ging mir nicht mehr aus dem Kopf. Wie gerne hätte ich ihn mitgenommen und ihm eine Familie geschenkt. Doch das ging leider nicht. Meine Eltern waren mittlerweile zu alt für eine weitere Adoption und ein drittes Kind war ausgeschlossen. Unsere Reise führte uns weiter durch den Norden Indiens.

Wir besuchten unter anderem das berühmteste indische Weltwunder – das *Taj Mahal*. Diesen Anblick kann man nicht mit Worten beschreiben. Kein Bild der Welt kann diesen Moment zum Ausdruck bringen, wenn man nicht einmal selbst davor stand.
Auch die Tiger-Safari durfte auf der Reise nicht fehlen. Das Highlight war ein Tiger, den wir aus zehn Meter Entfernung vom sicheren Truck aus in freier Wildnis beobachteten. Der kleine Bus, mit dem wir von Ort zu Ort fuhren, war über eine Woche lang unser Fortbewegungsmittel. An ein schnelles Vorankommen ist auf den Straßen Indiens nicht zu denken.

Am Ende unserer Rundreise flogen wir weiter in den Süden, um ein paar Tage zur Erholung am Meer in Goa zu verbringen. Dort war die Armut deutlich geringer als in der Metropole von Delhi und dem Norden Indiens.

Schließlich ging der Flieger zurück nach Frankfurt. Die Osterferien waren vorbei, und die Schule begann wieder. Aber kann man nach so einem ‚Kulturschock‘ einfach wieder normal in den deutschen Schulalltag zurückkehren?

Ich nahm gute und schlechte Erinnerungen von der Reise mit nach Hause – mein Schlussfazit war zu dieser Zeit: „Ich hasse Indien!" Für mich stand dort die Welt still.

Neues Kinderheim in Delhi, 2008

Kinderschuhe im Kinderheim

Die große Armut in Indien

Das Taj Mahal in Agra

Werkstatt Zukunft

Die Zeit verging nun immer schneller. Als Teenager drückte ich die Schulbank und hatte mehrere Jobs nebenbei. Am Schreibtisch war ich meistens erst ab 21 Uhr. An meinen Schulaufgaben saß ich oft bis tief in die Nacht.

Oft bin ich direkt nach der Schule zur Arbeit. Wenn andere in meinem Alter am Wochenende ausschliefen, trug ich schon früh am Morgen die Zeitungen in meinem Wohnort aus. Im Winter war es manchmal sogar noch dunkel. Schon von Anfang an wurde ich nach dem Motto „Von nichts kommt nichts" erzogen.

In die Schule steckte ich den Rest meines Ehrgeizes. Viel Freizeit blieb in dieser Zeit nicht übrig.

Die ersten Prüfungen standen an. Natürlich mussten sie aus meiner Sicht perfekt werden. Angespornt von meinem leistungsorientierten Vater, wollte ich mir keinen Fehler erlauben oder die Prüfung nicht gut genug für meine Familie und mich selbst ablegen. Als Adoptivkind stand ich immer unter einem ganz besonderen Druck. Ich wollte mich und meine Familie nicht enttäuschen, ganz egal um was es ging.

Die Englischprüfung rückte immer näher. Jeder Schüler musste einen Vortrag halten. Auch das bereitete mir nur wenige Schwierigkeiten. Das hatte ich mir schon in meiner Kindheit von meinem Vater abgeschaut. Wie er wollte ich schon immer hoch hinaus. Das Prüfungsthema war für jeden frei wählbar. Lange überlegte ich, über was ich referieren konnte. Schließlich entschloss ich mich, etwas über meine Adoption zu erzählen. Durch meine bisher gemachten Erfahrungen war ich mir durchaus bewusst, dass dies ein sehr spezielles und persönliches Thema wäre, das die meisten Menschen sicherlich meiden würden. Somit konnte es in der Prüfung aber auch auf Nachfragen der Lehrer keine falschen Antworten meinerseits geben. Ich meisterte meine Prüfung mit Bravour. Die Prüfer waren von meiner Geschichte sehr angetan und belohnten mein Engagement mit der Note 1,2. Das Ergebnis war toll, jedoch zweifelte ich dennoch daran und fragte mich, warum es nicht ganz für eine 1 gereicht hatte.

Reichte mir das? Reichte das für meine Familie? Konnte später einmal beruflich etwas aus mir werden?

Auch alle weiteren Prüfungen absolvierte ich gemäß meinen Erwartungen.

Was kam danach? War ich schon bereit für das Berufs-
leben?

Ich lernte meine erste Liebe kennen, und die Themen
Liebe und „Jungs" rückten in den Mittelpunkt meines
Lebens. Auch der erste Liebeskummer blieb mir nicht
erspart.

Wieder einmal fühlte ich mich als ‚Kind zweiter Wahl'.
Feiern und Alkohol waren für meinen damaligen Part-
ner zur obersten Priorität geworden.

Schon immer machte ich leidenschaftlich gerne Sport.
Am liebsten ging ich Ski laufen oder zum Fußballspie-
len. Auch hier zeigte sich mein Ehrgeiz. Genau wie
einmal bei einem Klavierkonzert in einem Fünf-Sterne-Hotel, bei dem ich die schwierigsten Stücke für mein
Alter spielen wollte, und das auch noch fehlerfrei.

Aber ab wann wird einem der eigene Ehrgeiz zum Ver-
hängnis, wann treibt man Perfektionismus zu weit?

Ich musste mehrfach auf die Nase fallen, bis ich mir
eingestehen konnte, dass niemand auf dieser Welt perfekt ist. Jeder Mensch hat Stärken und auch Schwächen.
Diese Erkenntnis war sehr wichtig für mich.

Wie eine Torte auf der Porzellanplatte

Mal wieder kündete uns mein Vater den anstehenden Besuch eines indischen Kollegen in unserem Haus an. Da mein Vater seit einigen Jahren geschäftlich ein Team in Indien führte, waren uns solche Besuche bereits bekannt. Zu dieser Zeit flog Vater geschäftlich bis zu dreimal im Jahr in mein Heimatland – jedoch nach Südindien. Wer hätte einmal gedacht, dass der Bezug zu diesem Land unser Leben so begleiten würde.

Missmutig schauten meine Schwester und ich uns an. Wir kannten das schon. Meistens wurde etwas Indisches gekocht und gemeinsam gegessen. Wie so oft wurden ich und meine Schwester von unserem Vater aufgefordert, unsere Englischkenntnisse anzuwenden. Die geschäftlichen Diskussionen interessierten uns keineswegs und Bilder aus ihrem Herkunftsland genauso wenig. Schließlich hatten wir noch immer einen schlechten Eindruck von unserer Indienreise und wollten schon deswegen nicht über dieses Land reden.

Immer wieder aufs Neue hatten meine Schwester und ich das Gefühl, den Gästen wie auf dem Silbertablett präsentiert zu werden. Diese Situation wollten wir immer so schnell wie möglich hinter uns bringen. Wenn möglich, besuchte ich in dieser Zeit Freunde oder verschwand im Kinderzimmer.

Für die indischen Kollegen waren solche Besuche bei ihrem deutschen Chef mit zwei Kindern aus Indien absolute Highlights in ihrem Leben. Für mich war das eher eine Tortur – ich wollte doch einfach nur das ganz normale deutsche Mädchen sein! Ich wollte nicht vorgeführt oder präsentiert werden, sondern einfach einen ganz normalen Abend haben und ‚normal‘ behandelt werden. Doch es scheiterte immer.

Die Freundlichkeit der Menschen war groß, und auch ich musste mich damit arrangieren. Oftmals standen auch gemeinsame Ausflüge auf unserem Wochenendplan. Tapfer nahmen meiner Schwester und ich daran teil und teilten unsere ‚gute Stimmung‘ mit meinem Vater und seinen Kollegen.

Eines Tages wurde ich sogar in meinem Wohnort nach dem Besuch einer indischen Kollegin meines Vaters mit der Frage konfrontiert, ob meine Schwester ihre Mutter gefunden hätte. Dies zeigte mir, dass bei den gemeinsamen Ausflügen in der Öffentlichkeit leicht Gerüchte entstehen konnten. Für manche Menschen war es einfach ein gefundenes Fressen. Ich empfand solche Fragen als Psychoterror - immer wieder landete ich damit gedanklich bei meinen unbeantworteten Fragen nach meiner leiblichen Mutter.

Schon wieder nach Indien?

Das Jahr 2017 brach mit neuen Ideen an. Mein Vater und meine Mutter wollten den Süden von Indien bereisen und dabei die indischen Kollegen besuchen gehen. Die Tickets waren schon gebucht und der Reiseplan stand. Nach der letzten Indienreise neun Jahre zuvor waren meine Schwester und ich froh, nicht noch einmal in dieses Land reisen zu müssen. Zuviel Elend und zu viel Schicksal waren für uns damit verbunden. Daher lehnten wir solche Reisepläne für uns ab. Total beruhigt, diese Reise diesmal nicht antreten zu müssen, ließen wir unsere Eltern planen und sich darauf freuen. Auch eine ehemalige deutsche Kollegin meines Vaters, die mittlerweile zum Freundeskreis meiner Eltern gehörte, würde mitreisen.

Mein einundzwanzigster Geburtstag rückte näher. Warum sollte ich Geburtstag feiern? Erinnerte mich dieser Tag doch immer wieder an mein Grundproblem: nicht zu wissen, wo ich herkam.

Zu diesem Zeitpunkt befand ich mich in einer Lebenskrise. Aber was machen Eltern, wenn das Kind in einer Krise ist? Es zu Hause einsam zurücklassen? Also machte mein Vater mir den Vorschlag mit nach Indien zukommen. Ich sagte mit gemischten Gefühlen zu. Nach der letzten Reise hatte ich mir ja geschworen, dieses Land nie wieder zu betreten. Ich wollte das ganze Elend, verbunden mit meinem Schicksal, einfach nicht noch einmal sehen. Die Welt ist so groß, es gibt so schöne Orte, ... aber die Reise musste nach Indien gehen.

Missmutig stimmte ich der Buchung meines Flugtickets zu – drei Tage vor Reiseantritt. Die einzige Begeisterung bestand darin, dass mein Ticket um einiges billiger als das der anderen Mitreisenden war. Wenn das nicht mal ein guter Anfang ist, dachte ich mir. Das Visum wurde als E-Visum dazu gebucht, und so saßen wir genau drei Tage später am Flughafen von Frankfurt.

Meine Liebe zu Flugzeugen ist in all den Jahren groß geblieben. Mein großer Traum ist es, einmal mit dem A380 der Lufthansa zu fliegen. Also machte ich mich schlau, was für eine Maschine wir bekamen. Doch der A380 flog genau 20 Minuten vor unserem Abflug nach Indien – und das auch noch in meine Geburtsstadt Delhi.

Wir flogen in den Süden nach Bangalore, und da Delhi im Norden von Indien liegt, blieb dieser Traum vom A380 erstmal unerfüllt. Warum musste dieser Flieger ausgerechnet nach Delhi fliegen. Hätten wir nicht auch dahin fliegen können? Gleichzeitig war ich auch total froh darüber, nicht nach Delhi fliegen zu müssen. Ich war innerlich hin- und hergerissen. Als Trost konnte ich in eine nagelneue Lufthansa Boeing 747-800i steigen. Lufthansa gibt mir einfach das Gefühl von Heimat, denn mit dieser Airline war ich damals nach Deutschlandgekommen, und meine Schwester hatten wir damit auch abgeholt.

Nun stand ich in diesem großen doppelstöckigen Jumbo. Mit Flugzeugen kannte ich mich bestens aus. Mein Traum war es immer, Pilotin zu werden und so einen Vogel selbst zu starten und zu landen. Den Unterschied zwischen einem Jumbo und einem Airbus erkannte ich schon bei Start und Landung. Auf dem Bildschirm vor meinem Sitz liefen die Sicherheitsanweisungen, ich schaute aus dem Fenster und genoss die Atmosphäre des Flughafens. Bald kam der Schub und der Jumbo hob ab. Langsam wurde mir bewusst, dass wir in meinem Geburtsland sein würden, sobald wir landeten. Dort, wo ich nie wieder hingewollt hatte.

Auf dem Flug schaute ich den Film *„Lion – der lange Weg nach Hause"*. Schon komisch, dass ich ausgerechnet diesen Film auf diesem Flug angesehen hatte. Ist das Schicksal? Der Film basiert auf einer wahren Begebenheit. Ein kleiner 4-jähriger indischer Junge, der im Zug verloren ging und später nach Australien adoptiert wurde, macht sich nach vielen Jahren mit *Google Earth* auf die Suche nach seiner Herkunft in Indien und findet seine Mutter wieder.

Nach einigen Stunden Flug landeten wir mitten in der Nacht in Bangalore im Süden Indiens. Ich stieg aus dem Flieger und konnte meinen Sinnen nicht trauen. Auf was hatte ich mich da bloß eingelassen? Die warme Nachtluft kam mir sofort bekannt vor, und der Geruch am Flughafen erinnerte mich ebenfalls daran, wo wir waren.

Kurze Zeit später starteten wir mit dem nächsten Flieger. Es ging 450 km weiter südlich ins Landesinnere, nach Coimbatore. Dort ging es mit dem Taxi ins Hotel. Es war schon früher Morgen und für Schlaf blieb keine Zeit mehr. Im Hotel wurde mein Vater schon herzlich empfangen. Er war durch über 20 Geschäftsreisen in diesem Hotel mittlerweile bestens bekannt. Wir trafen uns kurz nach der Ankunft zum gemeinsamen Frühstück. Den Jetlag sah man uns in den Gesichtern an, aber zum Schlafen blieb keine Zeit. Stattdessen empfingen uns Papas Kollegen in der Hotel-Lobby. Wir kannten sie schon von Besuchen bei uns in Deutschland – doch jetzt stand eine komplette Horde mitsamt all ihrer Kinder vor uns. Ich blickte zu den Kindern und musterte ihr entzückendes Aussehen und ihre traditionell indische Kleidung. Wobei manche Kinder auch einfach den Kleidungsstil eines deutschen Kindes aufwiesen. Gemeinsam machten wir einen Tagesausflug.

Wir ‚Kinder' nahmen im Auto auf der Rückbank Platz. Die Tour ging durch einen Teil der Stadt. Wir besuchten Tempel und tranken den Saft der frisch geernteten Kokosnüsse am Straßenrand.

Den Mädchen war es ein großes Anliegen, dass sie meine Hand immer festhalten konnten. In Indien laufen viele Menschen Hand in Hand durch die Straßen, denn das ist ein Zeichen der Freundschaft. Da ich nur zwei Hände hatte, wurde immer abgewechselt, wer sie halten durfte – das diskutierten die Mädchen auf Tamil, der Landessprache des Bundesstaates Tamilnadu, unter sich. Ich verstand kein Wort.

Zum Glück beherrschten sie aber auch Englisch und wir konnten gut miteinander quatschen und uns austauschen. Anfangs war es ein komisches Gefühl, dass die Mädels mit mir an der Hand laufen wollten. Ich kannte es nicht und war es nicht gewohnt. Aber ich ließ mich darauf ein. Hand in Hand ging es durch den Tagesausflug. Gegen Abend wurden wir zu Papas Kollegen nach Hause eingeladen.

Noch nie zuvor war ich in einem indischen Haus. In meinem Kopf waren nur die Erinnerungen von früher: Damals war alles schmutzig, Häuser gab es keine und für Essen hatten die Menschen doch kein Geld.

Doch ich war hin und weg. Ein Weg durch schmale Gassen führte uns zu einer kleinen Wohnung. Der Boden im Haus war mit Granit belegt, sehr sauber und rein. Das servierte Abendessen war ein köstliches Mahl. Die Kinder spielten auf ihrem Tablett, und wir gingen später auf das Dach des Hauses und machten gemeinsam Bilder. Fast so wie in Deutschland, dachte ich mir. In dieser Zeit änderte sich meine schlechte Meinung von diesem Land von jetzt auf gleich. Sie wendete sich zu etwas sehr Positivem und Wertvollem um.

Auch am nächsten Tag trafen wir uns alle wieder. Am Vormittag blieb uns noch etwas Zeit, den Pool im Hotel zu nutzen. Für meinen Vater war es schon zur Routine geworden, dort für eine gewisse Zeit zu sein. Er kannte jede Ecke des Hotels. Auf dieser Reise fand ich sogar etwas Essbares, das auch mir mundete, und ich liebte plötzlich die indische Küche. Ich durfte das erste Mal mit den Händen essen, was ich zuvor noch nie getan hatte. Bei uns in Deutschlandgehört es zu den guten Tischmanieren, und ist ganz normal, dass man Besteck in den Händen hält. Mit jeder neuen Erfahrung blühte ich mehr auf – auch wenn mich manche Situationen zunächst teilweise überforderten.

Da ich wie eine typische Inderin aussah und es somit keinen Unterschied zu den Einheimischen gab, wurde ich auch auf dieser Reise von vielen Fremden angesprochen. Man merkte, dass ich überhaupt keine Ahnung von indischen Regeln und Verhaltensweisen hatte. Nachdem wir eines Abends wieder mit den Händen gegessen hatten, wurde uns eine kleine Schüssel mit Wasser gereicht. Mit dem Wasser konnte man seine vom Essen verschmutzte Hand reinigen. Im Gegensatz zu mir, wusste jedes indische Kind, dass man aus hygienischen Gründen nur mit der rechten Hand essen darf. Ich benutzte stattdessen voller Freude und Tatendrang beide Hände zum Essen und wollte sie mir daher auch entsprechend reinigen. Unsere Gastgeberin lachte über das Ereignis und erklärte mir, warum mich alle anderen Gäste im Restaurant entsetzt anstarrten. Ich kam mir etwas komisch vor, aber ich dachte mir eben: „Hey, ich bin einfach keine Inderin und will auch keine sein, also lasst mich doch einfach machen". Während unseres Aufenthaltes fiel ich noch des Öfteren aufgrund meines Verhaltens auf.

Unsere Reise ging weiter und der nächste Inlandflug stand an. Insgesamt waren es sieben Flüge durch den ganzen Süden Indiens. Wir sahen viele Sehenswürdigkeiten und trafen uns fast überall mit aktuellen und ehemaligen Kollegen meines Vaters und ihren Familien. Somit konnte ich an jedem Fleck neue Erfahrungen sammeln und lernte das Land auf eine ganz andere Art und Weise kennen als auf unserer ersten Reise.

Ich war in einer Shopping-Mall einkaufen und bekleidete mich mit bekannten westlichen Textilfabrikaten. Ich konnte meinen Augen nicht trauen. Hätte mir jemand mal 2008 gesagt, dass es in Indien nicht nur Armut und Elend gibt! Jedoch ist der Süden Indiens kein Vergleich zum Norden.

Der Süden wirkt wie eine andere Welt in diesem riesigen Land. Die Luft war sauber und klar, die Hitze nicht drückend und im direkten Vergleich zum Norden sah ich nahezu keine armen Menschen, die auf der Straße lebten. Stattdessen quatschte ich mit dem Sohn einer Kollegin über Fußball. Er liebte den FC Bayern München. Ich war überrascht, sogar in Indien hatte Manuel

Neuer seine Fans. Hätte ich das früher gewusst, hätte ich natürlich Fanartikel mitgebracht.

Unsere Reise endete zum Relaxen im Bundesstaat Kerala direkt am Meer. Und dann stand ich plötzlich am Strand, der meine Träume und mein Herz aufleben ließ. Ein Leuchtturm, hinter mir die sogenannten *Backwaters*, und davor der weite Indische Ozean. Dieser Ort hat mir zugerufen. Ahnungslos machte ich mich zu einem Spaziergang auf. Ohne Plan oder Ziel landete ich an dem schönsten Ort, den meine Augen jemals gesehen hatten. Ich war voller Glück und innerlicher Zufriedenheit. Und das, obwohl ich mich in einer Lebenskrise befand. Ich rannte voller Glück zum Hotel zurück und berichtete meinen Mitreisenden von diesem Ort. Natürlich wollte ich diesen Ort einschließlich des Anblicks sofort mit ihnen teilen. Es konnte mir nicht schnell genug gehen, bis wir dort wieder ankamen. An den Palmen hingen Schaukeln herab und der Sonnenuntergang brach an. Ja, das war der Moment, der meine Ansicht zu diesem Land total veränderte. Manche Dinge passieren einfach ohne Vorwarnung oder große Planung und finden nicht in einem Fünf-Sterne-Hotel statt.

Da Leuchttürme für mich schon immer eine große Bedeutung hatten, bestieg ich am nächsten Tag den Turm und blickte auf die Weite des Meeres. Es war fantastisch, auch wenn die Aufstiegsleiter zum Turm mehr als gefährlich war. In Deutschland wäre so etwas nicht zugelassen gewesen, aber in Indien interessierte das niemanden. Andere Kulturen, andere Sitten. Damit wurde ich auch mal wieder konfrontiert.

Ich ging an der Strandpromenade entlang und schlenderte von Laden zu Laden, worin sich kleine Souvenir-Shops befanden.

Regel Nummer eins in Indien: Ein Inder zieht immer seine Schuhe aus, bevor er einen Laden (oder ein Haus) betritt. Aber ich, als vollkommen deutsches Mädchen, wusste das nicht und trat somit ahnungslos ein. Die Ladenbesitzer schauten mich böse an und riefen mir unverständliche (böse klingende) Sätze zu. Das Verwunderliche an der Sache war jedoch, dass die Ladenbesitzer total freundlich wurden, als ich meinen hellhäutigen deutschen Vater rief. Plötzlich wurde ich wie eine Deutsche behandelt. Schon komisch, dachte ich mir, und das in meinem Heimatland! Unser abschließender kurzer Strandurlaub war wunderschön und neigte sich aber schon bald dem Ende zu. Wir mussten uns auf die lange Rückreise vorbereiten.

Nachdem wir die Koffer gepackt hatten, stand auch

schon der erste Inlandsflug zurück nach Bangalore zum International Airport an. Auch dort trafen wir wieder einen Kollegen meines Vaters. Er war Bereichsleiter in Indien und lud uns zum Abendessen in einem Fünf-Sterne-Hotel am Airport ein.

Dort saßen wir an einem großen runden Tisch, und ich konnte meine Gedanken mal wieder schlecht sortieren. Die unglaublichen Gegensätze dieses Landes gingen mir durch den Kopf. Wieder einmal war ich beeindruckt, dass nicht alle Menschen in diesem Land in Armut lebten. Ganz im Gegenteil – es gibt auch eine High Society in Indien – sonst wären solche teuren Hotels nicht voll belegt.

Wieder zurück im nagelneuen Flughafengebäude, checkten wir die Koffer ein und begaben uns über die Security-Checks und den Ausreisebereich in den großen modernen Wartebereich des Flughafens.

Unser Flug nach Deutschland startete wie gewöhnlich um 3:45 Uhr am frühen Morgen. So mussten wir noch viele Stunden im Warte- und Shoppingbereich verbringen. Ich saß in der Wartehalle und starrte auf das imposante Flugzeug. Es war wieder ein Jumbojet der Lufthansa. Das Zuhause stand wie vor meiner Tür.

Dieser Riesenflieger würde mich wieder in eine andere Welt bringen – 7.400 km zurück. Über den Iran, die Türkei, Rumänien, Ungarn, Österreich nach Frankfurt – von Südasien zurück nach Mitteleuropa. Als wir endlich einsteigen durften, lief ich die Gangway entlang und ließ mich erschöpft und müde auf meinem Sitz nieder. Wieder einmal rollte der doppelstöckige Jumbo in Richtung Rollbahn und hob ab. Ich schaute ein letztes Mal auf die beleuchtete Stadt Bangalore und überlegte schon, wann ich hier wieder sein würde. Kurz darauf schlief ich ein.

Kurz vor der Landung auf deutschem Boden wachte ich auf. Die Liebe zu den Flugzeugen hatte sich auch durch diesen Flug verstärkt. Aus heiterem Himmel fragte ich die Stewardess, ob ich denn mal oben in die Business Class und First Class schauen dürfte. Da wir uns zu dieser Zeit schon im Landeanflug nach Frankfurt befanden, ging es leider nicht. Die freundliche Stewardess sagte mir jedoch, dass ich mich nochmal beim Ausstieg melden sollte.

Der Flieger setzte auf deutschem Boden auf, und ich wartete, bis ein großer Teil der Passagiere ausgestiegen war. Wie besprochen meldete ich mich beim Ausstieg. Das Flugzeug war nun fast leer und ich wurde gebeten, nach oben zu gehen. Zu meiner großen Überraschung warteten der Pilot und sein Copilot schon erfreut auf mich. Ich konnte mir alles ansehen und durfte sogar mit den beiden Piloten im Cockpit echte Pilotengefühle erhaschen und mit ihnen quatschen. Da saß ich nun mit der Uniformjacke des Piloten in einem doppelstöckigen Jumbo einer Boeing 747-800-i und durfte sogar für ein Bild ans Steuer.

Alle meine Fragen wurden beantwortet. So viele Knöpfe, Lichter und Technik, die so einen riesigen Vogel in die Luft brachten. Ich war fasziniert. Das Grinsen in meinem Gesicht und meine leuchtenden Augen ließen erkennen, wie glücklich ich war. Jetzt aber schnell zu meiner Familie. Diese musste ich erst einmal suchen und somit trafen wir uns erst am Ausgang des Flughafens wieder. Ein wundervoller Abschluss von einer tollen Reise.

Der enorme Temperaturunterschied machte sich schon bald bemerkbar. Die Heimfahrt auf einer deutschen Autobahn war ein Genuss.

Mein Heimatland Indien mit seinen weltberühmten Sehenswürdigkeiten, mein Herkunftsland, lag nun wieder meilenweit entfernt von uns. Doch ich hatte endlich Freundschaft schließen können. Meine Lebenskrise bekam durch die Reise eine Pause und ich fuhr mit neuen

Eindrücken und Erfahrungen nach Hause. Ich begab mich in professionelle Hilfe und konnte mich dadurch nach einigen Monaten bereits wieder besser fühlen. Ein Teil der Therapie beinhaltete, sich einen sicheren Ort zu suchen. Plötzlich hatte ich ihn gefunden. Es war der wundervolle Strand Indiens, voller Palmen, die *Back-waters* und der Leuchtturm, der in der Brandung stand. Manchmal findet man erst durch einen verlorenen Lebenskompass und über Umwege zurück zum Glück

Lufthansa Boeing 747-800i

Backwaters – Kerala in Südindien

Ein Strand für meine Träume – Kerala Südindien

Noch eine Adoption?

Drei Anrufe noch und wir würden ein Familienmitglied mehr sein. Ich hatte schon immer einen besonderen Wunsch gehabt. Es fehlte etwas in unserer Familie, und das änderte sich von einen Tag auf den anderen. Gemütlich saß ich am Küchentisch mit dem IPad in der Hand und scrollte wild durch die Seiten eines Hundezüchters. Die Bilder eines Welpen ließen mein Herz tanzen. Ich erkundigte mich über diesen kleinen Hundewelpen. Da saß ich nun und überlegte, wie ich das meinen Eltern verklickern sollte. Die Diskussion `Hund` war schon oft aufgekommen, aber wurde immer bei Seite gelegt. Meinen Vater, der zu Tieren in der Wohnung eine ablehnende Haltung hatte, galt es endgültig zu überzeugen. Also ergriff ich das Telefon und rief erst einmal meine Mutter an, die gerade bei der Arbeit war. Ich erzählte ihr vom neuen Welpen-Glück, das bald unseres sein könnte und schickte gleich ein Bild durch. Bei Mama war es ein deutliches Ja.

Was aber würde Vater sagen? Ich nahm meine ganze Überzeugungskraft zusammen und rief auch ihn an. Er befand sich gerade in einem geschäftlichen Meeting. Etwas genervt und ohne wirklich Zeit zu haben, sagte er zu meiner Überraschung:

„Frage deine Mutter, wenn sie ja sagt – meinetwegen."

So beendete er das Telefonat. Ich schrie vor Freude durch das leere Haus. Schnell erklärte ich meiner Mutter von meinem Erfolgserlebnis. Kurze Zeit später rief ich die Züchterin an und gab ihr die Zusage, dass wir dieses kleine Welpen-Mädchen zu uns holen würden. Es war ein Wettlauf mit der Zeit. Zu begehrt war dieser kleine Welpe. Am Mittag überraschte ich meine Schwester mit den Neuigkeiten, kurze Zeit später standen wir auch schon mitten in einem Tiergeschäft und füllten den Einkaufswagen mit einem Körbchen, Spielsachen sowie einem Futter- und einem Wassernapf. Am Abend saßen wir zu viert am Küchentisch und planten die Abholung des Hundes, die schon am nächsten Tag folgte. Strenge Regeln predigte uns mein Vater.

Die Liste war lang, was dieser Hund nicht durfte. Die Küche sollte er nicht betreten, Füttern vom Tisch gab es nicht, der Hund sollte im Wohnzimmer schlafen und den oberen Stock nie kennenlernen. Ein bisschen geknickt saß ich da und dachte, der arme Hund, der darf ja überhaupt nichts. Aber ich wusste, er würde allein durch meine ganze Liebe ein schönes Leben bei mir und meiner Familie bekommen.

Die dreistündige Anreise zur Züchterin begann. Zum Glück musste diesmal niemand um die halbe Welt fliegen. Ich konnte mein Glück nicht fassen. Ein Hund! Er würde mit mir Zeit verbringen und mich lieben, so wie ich bin. Mit mir spielen und kuscheln. Die erste Begegnung stand an. Ich kniete mich zu meinem Hund hinab, und er kam auch schon gleich auf mich zugerannt. Wir waren ab der ersten Minute füreinander bestimmt. Auch meine Schwester verliebte sich gleich in diese Fellnase. Mein Vater hingegen betrachtete das Geschehen zunächst recht kritisch. Gestreichelt hatte er den Hund nur mit einem Finger und auch erst nach langer Aufforderung. Trotz allem fuhren wir zu fünft nach Hause.
Dass auf dem Heimweg schon die ersten Probleme entstehen würden, daran hatte ich nicht gedacht. Der Mageninhalt des Hundes landete in den Händen meiner Schwester. Ohje, und das im Auto meines Vaters, das ihm sehr heilig ist. Meine Schwester und ich berieten uns auf der Rückbank leise über den Vorfall. Angst kam in mir auf. Was wäre, wenn das Auto wieder wenden würde, und wir den Hund wieder zurückbringen müssten? Naja,

wir wurden ja auch nicht wieder zurückgegeben und landeten nicht wieder im Kinderheim, also beschlossen wir, uns an die zwei vorderen Mitfahrer zu wenden. Ich war erstaunt, denn wir suchten ohne Probleme einen Rasthof auf und kümmerten uns um unsere kleine Fellnase. Die Reise nach Hause wurde natürlich fortgesetzt.

Auch ein Name durfte nicht fehlen. „Nala", das Löwenbaby aus dem Disneyfilm „Der König der Löwen" hatte es mir angetan – dieser Name sollte es sein. Alle waren einverstanden. Auch dieser Traum ging für mich in Erfüllung! Die erste Nacht verbrachte Nala schon neben meinem Bett, die besprochenen Regeln wurden bereits bis zur Hälfte aufgelöst. Wir besuchten die Hundeschule, auch mein Vater zeigte immer mehr Interesse. Heute liegen die beiden zusammen auf dem Sofa, und Nala braucht für die Nacht kein Körbchen mehr. Für was gibt es denn ein Bett? Meine kleine Hündin wurde immer größer, und unsere innere Verbindung immer fester. Welch´ Balsam ein Hund für die Seele sein kann! So wurde Nala zu meinem Anker. Wir gingen durch dick und dünn. Seit meinem Auszug in meine eigene kleine Wohnung wird auch ständig darüber diskutiert, bei wem der Hund nächtigen darf und in welchem Haushalt er die Zeit verbringt.

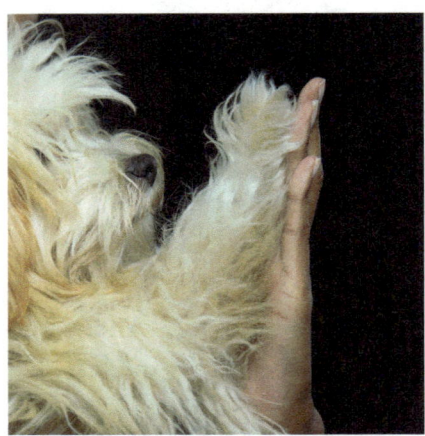

„Als ich die Hand eines Menschen brauchte, gabst du mir deine Pfote."

Auf dem Weg, auf dem ich gehe

„Nur diejenigen, die es wagen, weiter zu gehen als sehr weit fort, können herausfinden, wie weit sie wirklich gehen können". Sergio Bambaren

Wie viele andere Menschen, las auch ich das Buch *„Ich bin dann mal weg"* von Hape Kerkeling. Schon zuvor war mir klar, dass ich eines Tages den Jakobsweg gehen möchte. Aber nun wurde es konkret. Mein Rucksack mit ganzen zehn Kilo war gepackt, ein Reiseführer bestellt. Der Pilgerpass und die Jakobsmuschel am Rucksack bereit, das Flugticket nach Spanien in der Hand. Ich war bereit. Meine Reise konnte beginnen. Eine Reise zum eigenen Selbst.

Von Anfang an wusste ich, diesen Weg würde ich alleine bestreiten. Unterstützung in der Planung erhielt ich von einem netten Bekannten. Mit ihm hatte ich erst einige Monate zuvor Kontakt aufgenommen. Meine Eltern kannten ihn bereits durch die Adoption. Auch er hatte ein Mädchen aus dem Kinderheim in Indien adoptiert. Später gründete er das Projekt *Lucy Hilfswerk*, das sich um viele Sozialprojekte in Indien kümmert und diese unterstützt. Ich hatte ursprünglich die Hoffnung, über ihn an weitere Informationen über meine leibliche Mutter zu kommen, jedoch blieb das erfolglos. Dass er außerdem eine soziale Einrichtung in der Nähe des Jakobsweges in Spanien betreute, stellte sich erst nach einigen Unterhaltungen heraus. Er reiste mehrfach im Jahr nach Indien in die Kinderheime oder in die soziale Einrichtung am Jakobsweg in Spanien. Wie er mir berichtete, lernte er mich 1996 als Baby im indischen Kinderheim kennen, jedoch hatte ich keine Erinnerung mehr an ihn. Auch beim gemeinsamen Indientreffen liefen wir uns mehrfach über den Weg.

Da ich zeitlich eingeschränkt war, konnte ich nicht den ganzen Jakobsweg von 600 km gehen. Daher suchte ich mir im Vorfeld mehrere Etappen von insgesamt 160 km raus. Das Ziel war Santiago, und am Schluss „das Ende der Welt" in Finisterre.

Wieder einmal saß ich im Flieger, diesmal auf dem Weg nach Spanien. Dort wurde ich nach einer stundenlangen Busfahrt herzlich von diesem noch unbekannten Mann, der mich schon lange kannte, begrüßt.

In den ersten Tagen verbrachte ich die Zeit ‚Im Haus der Begegnung'. Ich lernte die Umgebung kennen und abends quatschten wir bei einem Bier vor dem Fernseher und schauten Fußball. Natürlich stand das Thema ‚Adoption' im Vordergrund. Ich hatte so viele Fragen. Geduldig bekam ich Antworten und Erfahrungen von ihm mitgeteilt. Doch wieder einmal scheiterte ich mit meiner Suche. Auch er machte mir klar, dass es unmöglich war, an Daten meiner leiblichen Mutter zu gelangen. Ich bekam viel von dem Projekt *Lucy* zu hören und über die Adoption seiner Tochter. Er erzählte mir, wie er das Land Indien alleine oder in einer Gruppe mit Spendern des Hilfswerkes LUCY bereiste. Auf diesen Reisen standen die mittlerweile zahlreich aufgebauten Kinderheime in ganz Indien im Mittelpunkt seines Interesses.

Am nächsten Tag brachte er mich zum Startpunkt meines Weges im nordwestlichen Teil von Spanien. Ende Oktober, bei minus sechs Grad und hohem Schnee, bestieg ich gleich den ersten Pass. Es schneite fürchterlich und die Sicht war durch eine reine Nebelwand schwer beeinträchtigt. Im wahrsten Sinne ein Weg ins Ungewisse!

Die restlichen Tage regnete es nur. Meist ging ich morgens kurz nach sechs Uhr bei Dämmerung und Dunkelheit los. Übernachtet habe ich in Pilgerherbergen, die es zahlreich entlang der Strecke gibt. Die einfachen Unterkünfte machten mir gar nichts aus. Man traf viele nette Leute aller Nationen und Altersgruppen auf dem Weg oder in den Herbergen. Alle hatten ein gemeinsames Ziel, doch jeder einzelne hatte andere Beweggründe für diesen Weg. Todmüde schlief ich immer sehr schnell am Abend ein. Schnell war ein neuer Morgen da und meine Pilgerwanderung ging trotz schmerzender Füße unaufhaltsam weiter. Die drückenden Wanderschuhe an den Füßen und den schweren Rucksack auf den Schultern. Wie oft dachte ich mir: „Esha, was machst du da nur?"

Oft kam ich an meine Grenzen, körperlich und psychisch. Doch der Weg ging weiter. Stehenbleiben war keine Option. Mehrere Tage vergingen mit einem ähnlichen Tagesablauf. Ich begegnete Menschen aus der ganzen Welt. Ich hörte ihre Geschichten und ihre Beweggründe für diese Reise. Gemeinsam oder alleine ging die Reise weiter. Ich kam an einem Berg vorbei, wo man seine Steine „abwerfen" konnte. Auch ich legte meine Steine dort mit ihren Bedeutungen nieder.

An einem anderen Fleck konnte man Kreuze für verstorbene Menschen aufhängen. Auch ich bastelte mit Stöcken ein paar Kreuze und dachte an gemeinsame Zeiten zurück. Mittlerweile waren meine Kleidungsstücke alle durchnässt, alles was ich bei mir hatte, war einfach nur nass.

In Santiago, dem Zielort des Jakobsweges angekommen, kaufte ich mir einen warmen Pulli. Ich besuchte die Kirche und schaute mir die Stadt an. Außerdem legte ich meinen Pilgerpass vor, in dem ich auf dem Weg fleißig Stempel gesammelt hatte und holte mir meine wohlverdiente Urkunde ab. Voller Stolz packte ich sie in meinen Rucksack. Überall begegnete ich liebevollen Menschen. Die Reise ging weiter, denn Santiago sollte nicht das Ende von meinem Weg sein. Am Kap Finisterre, nahe des Ortes Fisterra an der Westküste von Galizien, wollte ich ankommen, am sogenannten Ende der Welt.

Und da stand ich nun. Der Jakobsweg ist gezeichnet von Steinen mit der Kilometeranzahl und als Symbol die berühmte gelbe Jakobsmuschel. Doch was ist das für ein Gefühl, am Ende der Welt zu stehen, an einem Leuchtturm und einem Stein mit der Kilometer Anzahl von 0,000 km? Ich war angekommen. Mein Weg, er hatte sich gelohnt. Mit vielen neuen Erfahrungen war ich ins Ziel eingelaufen. Ich stand an der Klippe, das Meer so weit wie der Horizont reichte. Der Wahnsinn, ich hatte es geschafft! Ich konnte es nicht glauben. Da stand ich, mit meinem Teddybären am Ende der Welt.

Zu all diesen wunderbaren Ereignissen traf ich auch noch ein bekanntes Gesicht dort. Es war eine Bekannte, die ich bei einer Therapie kennengelernt hatte. Dies war jedoch kein Zufall. Ein Jahr zuvor sahen wir uns das letzte Mal. Auch sie ging diesen Weg, doch sie blieb im Lande hängen und zog direkt nach Fisterra. Wir saßen am Abend zusammen, und sie zeigte mir den Rest dieser Stadt. Meine Reise ging zu Ende, und der Flieger zurück nach Hause wartete schon auf mich.

Mir war im Vorfeld bewusst gewesen, dass dieser Weg eine Herausforderung werden würde, aber auch die Heimreise hatte es in sich. Mit viel Verspätung landete ich zum Zwischenstopp in Madrid. Ich blickte auf die Uhr, mir blieben genau acht Minuten bis zum Abflug der nächsten Maschine nach Frankfurt. Es begann ein Wettlauf gegen die Zeit. Mit letzter Energie rannte ich zu meinem nächsten Flieger, der in einem anderen Terminal stand. Völlig außer Puste, rannte ich durch die Gangways, weiter zum Flieger und sprang als letzter Passagier durch die Flugzeugtür hinein. Die Stewardess verschloss die Tür direkt hinter mir. Glück gehabt. Doch das war nicht meine letzte Reise, aus der ich lernte. Ich wollte mehr von der Welt sehen.

Hals über Kopf buchte ich nach einigen Monaten den nächsten Flug, es ging an die Algarve nach Portugal in ein Surfcamp. Mal wieder ging mir im Kopf hin und her: „Esha, du hast mal wieder den absoluten Wahnsinn vor dir."

Doch ich dachte mir, wer bei Schnee und Eis über den Jakobsweg laufen kann, den kann eine Welle im Atlantik auch nicht aufhalten. Mutterseelenallein begann mein nächstes Abenteuer. Mal wieder hob der Flieger von der Rollbahn ab. Das Surfcamp am wunderschönen Algarve Strand kann man fast als ein Ferienlager für Teenager und junge Erwachsene betrachten.

Da stand ich nun mit meinem Neoprenanzug und einem riesen Surfbrett – so schwer, dass ich es fast nicht tragen konnte. Ich machte meine ersten Versuche im Wasser. Von da an war ich auf der Suche nach der perfekten Welle. Meiner perfekten Welle. Man wusste nicht, wann sie kam oder ob sie überhaupt kommen würde.

Ich trainierte eifrig und schluckte dabei viel Salzwasser. Ich stand auf dem Brett und fiel hinab. Stundenlang das gleiche Prozedere. Immer und immer wieder. Wie überraschend die Welle kam, war nicht berechenbar. Auf dem Brett liegen, gegen die Wellen ankämpfen, aufstehen und auf seiner Welle surfen. Dass man sein Leben mit dem Surfen gleichsetzen kann, war mir davor nicht bewusst gewesen. Der Freizeitspaß und der damit verbundene sportliche Anteil machte mir bewusst, wie mein Leben geprägt ist und was wichtig ist: Aufstehen, Umfallen, Wasserschlucken, fast erfrieren und wieder aufstehen, bis man das Surfbrett und die Wellen beherrscht. Das kam mir doch bekannt vor!

Wie oft bin ich im Leben aufgestanden und fiel wieder hin? Wie oft musste ich Dinge schlucken, die weder lecker und verdaulich waren?

Fast so wie beim Surfen. Und wenn man dann oben auf der Welle stand, wusste man, für was sich der ganze Aufwand und die Rückschläge gelohnt haben. Auch von dieser Reise flog ich mit neuen Erfahrungen und neuen Lebenskenntnissen zurück nach Hause.

Das Leben ist wie Surfen: „You can´t stop the waves, but you can learn to surf“ (deutsch: „Man kann die Wellen nicht stoppen, aber man kann surfen lernen“)
John Kabat-Zinn

Jakobsweg, Am Ende der Welt

Surfcamp, Portugal an der Algarve

Wer bin ich?

Immer wieder ertappte ich mich, wie ich mir folgende Fragen stellte:
Wer bin ich? Wer war ich? Wo gehöre ich eigentlich hin? Gerade als ich in die Pubertät kam, wurden die Fragen immer wichtiger.
Wie kommt ein Mensch damit zurecht, zu zwei Familien zu gehören und doch nirgends richtig heimisch zu sein?
Der Zwiespalt zwischen zwei Ländern und zwei Kulturen prägte mein Leben. Ich wurde von meinen deutschen Adoptiveltern und meinen Großeltern als vollwertiges Kind aufgenommen – Menschen, die eigentlich Fremde für mich waren. Meine in Indien zurückgebliebene leibliche Mutter kannte ich nicht. Ein neues Leben ermöglichten mir 1997 damals zwei fremde Menschen aus Deutschland, die zu Mama und Papa für mich wurden. Das Trauma der frühen Trennung war vorprogrammiert. Eine Einreise nach Deutschland ohne Nachname. Eine Geburtsurkunde, die in Berlin im Nachhinein erstellt werden musste. Von Anfang an keine richtige Identität. Mit gerade einmal 21 Jahren wurde ich vor die Entschei-

dung gestellt, welche Staatsangehörigkeit ich den nun behalten möchte. Dazu muss man wissen, dass ein ausländisches Adoptivkind nach deutschem Recht mit der Adoption die deutsche Staatsbürgerschaft erwirbt und gleichzeitig die Staatsbürgerschaft des Herkunftslandes bis zur Volljährigkeit behält. Nach der Volljährigkeit muss die Staatsbürgerschaft des Herkunftslandes neu beantragt werden. Die deutschen Gesetze dazu unterscheiden nach europäischem Ausland und anderen Ländern.

Wenn es ohne weitere Antrags- und Genehmigungsverfahren möglich gewesen wäre, hätte ich am liebsten beide (die indische und die deutsche) Staatsbürgerschaften behalten. So hatte ich mich für die deutsche Staatsbürgerschaft entschieden.

Ich erinnerte mich noch gut, als ich das erste Mal meinen Vater fragte, welche Daten oder Erinnerungen es an meine leibliche Mutter gab. Mit ganz wenigen Informationen und zwei Briefen, die vom Heim über meine Aufnahme und meine Zeit im Heim berichteten, musste ich mich zufrieden geben. Denn mehr Informationen gab es leider nicht und etwas Hilfreiches zu meiner Herkunft war in den Briefen auch nicht aufzufinden. Auch der Versuch, über das Kinderheim an direkte Informationen zu gelangen, scheiterte. Es gab keine weiteren Informationen. Zwei Briefe vom Heim, an mich gerichtet, sind alles, was ich dazu habe. Zu allem Unglück und Pech sind darin auch noch zwei unterschiedliche Geburtsdaten von mir aufgeführt. An meinem Geburtstag fragte ich mich daher anfangs immer, ob das nun der richtige Tag sei oder eher ein bisschen später. Nicht selten kam es daher zu Diskussionen oder Fragen im Familienkreis und Eltern ohne Antworten auf die dringendsten Fragen eines Kindes. Oftmals sprachlos und voller Ohnmacht wegen dieser offenen unbeantworteten Fragen wuchs ich heran. Nicht selten kam es nach einem Streit vor, dass ich meinen Koffer packte oder stundenlang nach einem Flugticket nach Indien suchte. Schon im Kindergarten zeigte sich meine Angst, verlassen zu werden.

Das morgendliche Drama zwischen der Kindergartentür und der Flucht meiner Mutter prägte meine erste Kindergartenzeit. Ich klammerte mich mit aller Kraft an Mama und wollte diesen Ort nicht besuchen oder dort meine Stunden verbringen. Wie jeden Tag, wurde ich von der Erzieherin regelrecht aus dem Arm meiner Mutter gerissen. Anders hätte aus Sicht der Erwachsenen „nicht funktioniert".

Hat ein Kind ein Leben lang diese Verlustängste?

Heute frage ich mich, ob es der gleiche oder ähnliche Ablauf war, als mich meine leibliche Mutter im Kinderheim abgegeben hatte.

Klammerte ich mich auch an ihr fest und wurde von den Ordensschwestern im Heim von ihr weggerissen?

Bis heute ist das Thema Verlust für mich nahezu ein Weltuntergang. Ganz egal, um was für einen Verlust es sich handelte, sei es der Verlust durch einen Todesfall, zerbrochene Freundschaften oder meiner ersten Liebesbeziehung zu meinem damaligen Freund. Jedes Mal traf es mich wie ein Messer, das mein Herz durchbohrte. Ich war schon immer ein sehr harmoniebedürftiger und tiefgründiger Mensch. Für Menschen, die sich tief in meinem Herzen befinden, würde ich bis ans Ende der Welt laufen.

Aber wer war ich außer Esha?

Nicht einmal einen deutschen Namen hatte ich damals bekommen, und meine Eltern hatten es nicht für nötig gehalten, mir einen zweiten (vielleicht deutschen) Vornamen zu geben. Durch die Mutter einer Freundin wurde ich mit elf Jahren von Esha zu Esha-Luna. Ganz plötzlich hatte sich mein Wunsch unerwartet erfüllt. Einfach so. Von heute auf morgen. Luna – der Mond.

Heute überlege ich mir, ob ich mir diesen Namen zusätzlich eintragen lasse. Denn schließlich wurde mir durch einen anderen Menschen in meinem Leben bewusst, dass es ganz einfach war, seinen Namen zu ändern. Nun war ich im Besitz von zwei Namen. Einem indischen und einem deutschen.

Die Jahre vergingen auf der Suche nach mir selbst. Mal klappte es besser, mal fiel ich wieder zurück. Wie sollte es auch immer funktionieren, wenn die Welt um mich herum so groß erschien und ich so klein und machtlos war. Der Alltag mit seinen Konfrontationen machte es nicht leichter. Dazu kam noch eine Erkrankung, auf die ich nicht vorbereitet war.

Mein Aussehen veränderte sich zu all dem Unglück offensichtlich auch noch, und ich verlor meine Haare. Da stand ich mit einem komplett veränderten Aussehen und Ängsten um meine Gesundheit vor dem Spiegel. Wieder einmal wurde ich vor die Herausforderung gestellt, mich neu zu finden. Auch die Zuversicht der Ärzte, tröstete mich zu diesem Zeitpunkt kaum. Da es dennoch eine große Herausforderung war. Große Unterstützung fand ich bei einer Freundin, die ich aus der Berufsschule kannte. Auch für sie war meine Erkrankung sehr dramatisch. Mir beim Leiden zuzusehen, machte es auch für sie nicht leicht. Doch sie baute mich auf. Sie war meine persönliche medizinische Fachangestellte, Kosmetikerin, Psychologin und meine Freundin zugleich. Da man dem Schicksal manchmal machtlos gegenüberstand, war es für niemanden eine leichte Zeit. Ich selbst versuchte stärker zu sein als ich war und schrie den innerlichen Schmerz lieber in mich hinein, denn mit meinen Problemen anderen zur Last fallen wollte ich nicht. Doch auch in dieser Zeit galt es, sich so kennen zu lernen, wie man eben ist. Auch diese Hürde meisterte ich mit Bravour, obwohl einige Narben und Ängste in meiner Seele zurückblieben. Eine weitere Suche begann.

„Irgendwann versteh ich das vielleicht: Ich kann werden, wer ich sein will, ich kann mir nehmen, was ich brauche, ich muss nicht länger suchen, weil ich längst bin, wohin ich gehöre...und manchmal hab ich das Gefühl, ich bin anders und allein, keiner scheint mir ähnlich, keiner scheint mir nah zu sein. Und manchmal habe ich das Gefühl, niemand ist wie ich, einen Platz, an den ich passe, den gibt es für mich nicht. Aber wieso fühl ich mich so anders? Und was muss denn noch passieren? Ich mein, was mach ich falsch? Ich will doch bloß dazugehören! Aber

wozu denn gehören? Und was soll das denn heißen? Weil
wir doch anders und dadurch wieder gleich sind. Und es
geht doch nicht um den Inhalt viel mehr als um die Form,
es geht und den Einzelfall viel mehr als um die Norm, es
geht nicht um Physik, es geht um Fantasie, vor allem geht's
ums „Was" – viel mehr als um das „Wie". Es geht nicht um
das, was und trennt, sondern um das, was wir gemeinsam
haben. Es geht darum, dass wir uns kennen, mehr als da-
rum, dass wir mal einsam waren. Es geht nicht ums Ge-
winnen, sondern dass du kämpfst. Es geht nicht um den
Takt, sondern darum, dass du tänzt. Es geht nicht drum,
was wir haben, sondern um das, was wir draus machen. Es
geht nicht um den Witz an sich, sondern dass wir lachen.
Es geht nicht darum, dass du gibst. Es geht nicht darum,
wen, sondern darum, dass du liebst. Es geht nicht darum,
was und womit, sondern darum, dass wir uns anziehen.
Es geht nicht darum, wen und warum, sondern, darum,
dass wir uns anziehen. Es geht nicht darum, wie wir rei-
men. Es geht darum, was wir sagen, ob wir echt sind, was
wir meinen. Und vielleicht geht's auch nicht ums Happy
End, sondern heute mal nur um die Geschichte, vielleicht
geht's nicht darum, dass ich anders, sondern darum, dass
ich ich bin. Vielleicht geht's auch nicht drum, die ganze
Welt zu erfassen und alles zu verstehen, vielleicht geht's

darum, „Hakuna Matata" zu sagen und einfach mal gerne zu leben. Und was soll das denn heißen – jemand ist sonderbar und eigenartig? Das sind doch bloß Synonyme für besonders und einzigartig. Jemand sagt dir, du bist anders, dann denk dir für dich: Anders ist nicht falsch, bloß 'ne Variante von richtig. Und wenn du vorankommen willst, musst du dein ... Po bewegen, musst deine engsten Erzängsten tief in die Augen sehen. Wenn du wo ankommen willst, musst du über härteste Schmerzgrenzen, dich über den derbsten Berg kämpfen und noch ein Stück weitergehen. Und es geht nicht drum, wie hoch du springen kannst, sondern wie hoch du glaubst, dass du springen kannst. Denn es geht nicht um Physik, es geht um Fantasie, vor allem geht's ums Was – viel mehr als um das Wie! Und wer andere abgrenzt, grenzt sich selber ein. Wer andere schwach macht, glaubt nicht stark zu sein. Ich mach mein Herz weit und lass Leben rein, weil ich dran glaube, gut genug zu sein."

Julia Engelmann: Stille Wasser sind attraktiv, aus Eines Tages Baby

Mein Teddybär und ich

Markus, der Braunbär – mein kleiner Teddybär. Mittlerweile ist er schon 23 Jahre alt und begleitet mich im Januar 24 lange Jahre. Für mich ist er etwas ganz Besonderes. Er war mein Lebensgeschenk. Meine Eltern hatten ihn mir mit nach Indien ins Kinderheim gebracht. Ab der ersten Minute ließ ich ihn nicht mehr von mir weichen. Er begleitete mich überall mit hin. Wie oft ging Markus in meiner Kindheit verloren, und alle mussten diesen Bären suchen. Ohne Markus ging ich nicht ins Bett.

Ich erinnere mich noch an einen Urlaub in der Schweiz, fast zu Hause angekommen, mussten wir die Strecke nach Zürich noch einmal zurücklegen. Ein andermal musste Markus versehentlich in der Küchenschubblade übernachten. An nächsten Tag stellte sich, wie ich so schön erklärte, heraus: „Markus wollte Backerbsen essen."

Ich hatte den kleinen Kerl in unsere Küchenschublade gepackt, in der die Backerbsen ihren Platz hatten. Jedoch hatte ich ihn dort leider vergessen. Überall wurde er gesucht, nicht nur von meinen Eltern. Schlaflose

Nächte fanden ohne ihn statt. Ich wurde älter und Markus wurde durch das Ablutschen seiner Ohren nicht gerade fitter. Also dachte sich meine Mutter einen wunderbaren Plan aus.

Mama tauschte Markus gegen einen neuen Bären. Tagelang überlegte sie, wie sie mir das nur verklickern konnte. Also wurde ich nichts ahnend mit einem neuen Markusbären überrascht.

„Er wurde gewaschen", flunkerte mich meine Mutter an – was ich ihr damals mit meinen vier Jahren nur halbherzig abnahm. Einige Jahre später als Teenager fand ich den ‚alten Markus' in einem von Mamas Schränken. Voller Schock und Fragen stand ich vor meiner Mutter und bat um eine Erklärung.

Überall war er dabei, bei jeder Reise, bei jedem der Krankenhausaufenthalte und bei jeder Übernachtung. Auch wenn ich so gut wie nie bei Freunden geschlafen habe, sofern dies überhaupt vorkam, musste Markus natürlich mit. Der arme Bär. Zerquetscht in meinem Rucksack schleppte ich ihn 160 km über den Jakobsweg bis ans Ende der Welt.

Was ein kleiner brauner Bär alles kann: Tränen trocknen, Kuschelbär spielen und einem Kind gleichzeitig ein einzigartiger Spielgefährte sein.

Heute ist Markus seinem Aussehen nach zu urteilen ein armer kranker Opa, der es dringend nötig hätte, einen Puppendoktor aufzusuchen. Oft genug habe ich ihn schon gewaschen oder mit Nadel und Faden selbst wieder genäht. Ich hoffe, Markus kann mich noch weitere Jahre in meinem Leben begleiten. Denn schließlich war er das erste eigene Kuscheltier, das ich bekommen, sofort in mein Herz geschlossen hatte und bis heute nie wieder los ließ. Er hat eindeutig alle seine Aufgaben gemeistert.

Markus der Teddybär

Ein Teil von mir – Ein Brief an Dich

Ich hatte 24 Jahre Zeit und weiß noch immer nicht, wie ich meine leibliche Mutter ansprechen soll. Mama oder doch ganz förmlich per Sie? Schließlich kennen wir uns nicht. Und hier in Deutschland siezt man Fremde eben und spricht sie mit dem Nachnamen an. Jedoch kenne ich weder Vor-noch Nachnamen meiner leiblichen Mutter. Alles was ich weiß, ist, dass ich ihr Fleisch und Blut bin – ich bin ein Teil von ihr.

An meine unbekannte leibliche Mutter,

Erinnerst Du Dich? Im März 1996 hast Du mich zur Welt gebracht. Bis heute weiß ich nicht, wo und in welchem Teil Indiens. Im Krankenhaus, in einer Hütte oder auf der Straße? Abgegeben hast Du mich einen Tag später im Kinderheim Holly Cross Social Service Center. Das ist ein katholisches Kinderheim in Alt-Delhi. Bedeutet das nun auch, dass du katholisch bist, so wie ich? Viele Fragen sind in meinem Kopf und meinem Herzen. Ich weiß, Du warst vermutlich erst 12 Jahre alt, unterernährt und nicht verheiratet.

Warum hast du mich abgegeben? War ich Dir nicht gut genug?

Ja, ich habe ein Leben bekommen. Es ging mit 10 Monaten nach Deutschland, wo ich bei meinen neuen Eltern aufwuchs und ein schönes Zuhause bekam. Mit fünf Jahren bekam ich eine Adoptivschwester, auch aus Indien. Wir wohnen in einem Haus und mittlerweile habe ich eine eigene, kleine Wohnung.

Ein kleiner Hund bereichert uns seit ein paar Jahren auch. Ich konnte von Anfang an die Schule besuchen, lernte lesen und schreiben sowie rechnen. Später machte ich eine Ausbildung in einem Krankenhaus. Ich konnte in meinem Leben viele Erfahrungen machen. Ich war lieb und manchmal auch nicht. Schon immer war ich in der Schule sehr fleißig und ehrgeizig und hatte meine Ziele meistens vor Augen. Ich spielte immer gerne Fußball und die Liebe zur Musik fand ich beim Klavierspielen. Ein Boxsack hing auf dem Balkon und mein Fahrrad stand in der Garage. Auf den Skiern stand ich schon mit gerade mal drei Jahren.

Ich ging durch Krankheit und Gesundheit und durch schwere und schöne Momente des Lebens.

Ich war viel auf Reisen und habe mir die Welt angesehen, alleine oder mit meiner Familie.

Aber nun zu Dir. Wer bist Du? Hast Du noch weitere Kinder? Sehe ich Dir ähnlich?

Zu gerne möchte ich wissen, warum Du mich damals weggegeben hast. Eine Liebe zu einem Kind ist in meinen Augen bedingungslos für immer und ewig. Wahrscheinlich war ich kein Wunschkind und auf welchem Wege ich zustande kam, weiß ich auch nicht. War es Sex für Geld oder eine Vergewaltigung? Vielleicht warst Du auch einfach verliebt und hattest einen Freund, ich weiß es nicht. Wie geht es Dir? Wie lebst Du? Hast Du ein Haus oder lebst Du auf der Straße? Habe ich noch Geschwister? Ich wünsche mir schon immer einen kleinen Bruder und eine große Schwester.

Ich habe Dich nie vergessen, auch wenn ich Dich nicht kenne. Jedes Jahr an meinem Geburtstag und an Weihnachten denke ich ganz besonders an Dich. Doch das Schicksal trennte unsere Wege. Manchmal bin ich sehr wütend darüber, dass Du mich einfach abgeschoben, weggegeben und verstoßen hast. Aber gleichzeitig danke ich dir, dass du mich im Kinderheim abgegeben und mir mein Leben geschenkt hast. So hatte ich eine Chance zu überleben. Das wolltest Du bestimmt. Ich glaube, Du hast zwei kinderlose Menschen in Deutschland sehr glücklich gemacht und deren Leben auf den Kopf gestellt, inklusive meinem.

Danke, dass Du mich ab der ersten Minute zu einer Kriegerin hast werden lassen, die lernen musste, sich durch das Leben zu boxen und nach hartem Kampf immer mit Bravour an der Ziellinie ankam.

Ich weiß nicht, ob ich diesen Brief gedanklich nach Indien schicken soll oder doch in den Himmel. Manchmal frage ich mich, lebst Du überhaupt noch? Manchmal würde es für mich die Sache einfacher machen zu wissen, woran ich bin.

Ich hoffe, Du lebst und konntest einen Weg in ein gutes Leben finden. Oft mache ich mir darüber Gedanken, dass Du vielleicht kein Dach über dem Kopf hast oder hungern musst.

Ich war schon dreimal In Indien. Vielleicht sind wir uns ja schon einmal über den Weg gelaufen und haben es bloß beide nicht gemerkt? Du bist nur zwölf Jahre älter als ich, eigentlich ist das ziemlich cool. Als ich jünger war, dachte ich mir immer, wir hätten bestimmt gute Freunde werden und gut zusammen feiern gehen können. Wo auch immer Du bist – Du bist in meinem Herzen für immer. Danke, dass Du mich zu einer Kriegerin gemacht hast ab der ersten Minute.

In ewiger Verbundenheit,

Deine Tochter Esha

Das Leben ist so bunt und manchmal eben schwarz

Zurück ins Leben, sag ja zum Schicksal – oft kam ich dem Tod näher als dem Leben. Also beschloss ich, es anzunehmen, mit allen Höhen und Tiefen. Ich nahm mein Leben in meine eigenen Hände und ich wusste, dass ich daraus trotz aller Tiefen und Höhen etwas Schönes bauen kann.

„Das Leben ist so bunt und manchmal eben schwarz." Dieser Satz gab mir alles, was ich brauchte. Gesagt bekommen von einem Menschen, der mir sehr am Herzen liegt. Danke dafür! Er gab mir Mut, Hoffnung, und Zuversicht, doch die hatte ich in den letzten Monaten nicht mehr. Zu oft wurde ich die letzten Jahre mit gesundheitlichen und mentalen Rückschlagen konfrontiert und gefordert. Auch dieses Jahr stellte mich wieder komplett auf den Kopf, jedoch ganz anders als das vorherige.

Das neue Jahr steht an und Weihnachten klopft an die Tür. Zeit für Vergebung und Selbstvergebung. Zeit für Frieden für sich selbst und andere. Neue Chancen zu geben und zu bekommen und Ziele für das kommende Jahr aufzustellen. Ein neues Buch mit 365 freien Seiten steht zur Verfügung. Auch mein Geburtstag steht wieder an, 25 Jahre werde ich alt. 24 Jahre durfte ich auf der Welt schon meine Erfahrungen machen, mit allen Höhen und Tiefen, die das Leben für mich bereit gehalten hatte. 25 Jahre hat es gebraucht. Ich freue mich auf meinen Geburtstag und habe einen Teil meines Friedens gefunden. Ich habe keine Angst mehr vor diesem Tag. Ich Lebe! Ich schreie es in die Welt hinaus. Ich liebe meine kleine Welt, die ich mir selbst forme.

„Neue Welten zu entdecken wird dir nicht nur Glück und Erkenntnis, sondern auch Angst und Kummer bringen. Wie willst du das Glück wertschätzen, wen du nicht weit, was Kummer ist? Wie willst du Erkenntnis gewinnen, wenn du Dich deinen Ängsten nicht stellst? Letztlich liegt die große Herausforderung des Lebens darin, die Grenzen in Dir selbst zu überwinden und so weit zu gehen, wie du Dir hättest träumen lassen. Die Erfahrung die das Leben uns bietet ist unausweichlich, ob man sie genießt oder erleidet ist jedermanns eigene Wahl. Und diese Entscheidung ist die Grundlage – Nicht die Folge – für ein glückliches oder unglückliches Leben" Sergio Bambaren

An Dich – für alle Adoptivkinder und ihr Schicksal

Annahme und Akzeptanz, was ist das?

24 Jahre Leben sind für mich vergangen und das ist es, was ich daraus gelernt habe: Ganz egal, welches Schicksal man erlebt hat oder was einem auch immer widerfahren ist, sei es von seiner Mutter getrennt zu werden, im Heim zu leben, sei es, ein neues Leben zu beginnen oder weitere traumatische Ereignisse und Erfahrungen zu haben, das Leben geht dennoch weiter. Familiendiskussionen und Geschwisterrivalitäten bestimmen nur noch manchmal den Alltag. Sätze, wie „Bringt mich doch zurück ins Kinderheim" oder „setzt mich wieder auf der Straße aus" fallen inzwischen weniger. Genauso wie „Geh doch wieder ins Heim zurück, wenn es dir nicht passt".

Zu oft gerate ich auf Unverständnis von Außenstehenden. Immer wieder wird mir vermittelt, ich hätte doch alles. Ich sollte froh darüber sein, kein Waisenkind mehr zu sein und dankbar dafür, ein Dach über dem Kopf zu haben, und dass mich jemand wollte. Was so eine Kinderseele im frühen Alter schon ertragen musste, vergisst die Welt.

Ich habe in meinen jungen Jahren gelernt, mit meinen speziellen Fragen umzugehen, auch wenn es etwas Zeit gebraucht hat. Ich kann nicht jeden auf dieser Welt glücklich machen.

Viel zu sehr war ich damit beschäftigt, nach anderen zu sehen und verlor und vergas mich selbst dabei.

Nehmt euer Leben gemeinsam mit euerm Schicksal in die Hand – auch als Kinder „zweiter Wahl". Freundet euch damit an, auch wenn es ein langer Weg ist, und der Prozess Berge und Täler beinhaltet. Man kann auch damit glücklich werden und seinen inneren Frieden finden.

Auch ich musste diesen Prozess in meine eigenen Hände nehmen und habe es geschafft. Das Leben kann oft ein gemeiner Gegner sein und gleichzeitig so wunderbar. Das Leben ist so bunt und manchmal eben schwarz. Male es mit den schönsten Farben, die Du hast, und wenn es manchmal nur ein grauer Bleistift ist, dann fordert das Leben von dir eben eine schöne Zeichnung.

Lasst euch nicht entmutigen, auch wenn es manchmal ausweglos erscheint. Die Suche nach dem eigenen Selbst und der Identität ist meines Erachtens eines der Grundbedürfnisse jedes Menschen.

Lebt, seid glücklich und nehmt das Schicksal in die eigene Hand! Nehmt es an, lasst euch nicht führen vom Schicksal, sondern führt selbst. Eine genaue Anleitung dafür gibt es nicht – das muss jeder für sich herausfinden.

„Einige Dinge werden immer stärker sein als Zeit und Raum, wichtiger als Sprachen und Lebensart. Zum Beispiel, deinen Träumen nachzugehen und zu lernen, du selbst zu sein. Mit andern das wunderbare Geheimnis zu teilen, das du entdeckt hast.“

Sergio Bambaren, aus: Der träumende Delphin

Meine Inspiration an Lieblings-Zitaten, die mich durch mein Leben führten:

„Das Leben ist so bunt und manchmal eben schwarz."
Von einem Herzensmenschen aus Baden-Baden

≈

In deiner kleinen Welt
„Und du drehst dich in deiner kleinen Welt
mit deinen großen Farben, wie sie dir gefällt.
Ob trist, ob manchmal grau, ob blau und wunderschön...
Du lachst und du weinst, und du bist, so wie du bist
Ein rudimentäres Unikat
Vielleicht hab' ich einmal Glück, und es ist so, wie es ist
Das gewinnt der, der alte Träume wahrt."
Philipp Dittberner, In deiner kleinen Welt

≈

„Niemand kommt von einer Reise so zurück, wie er wegge-
fahren ist." Graham Greene

≈

„Die größte Sehenswürdigkeit, die es gibt, ist die Welt, sieh sie Dir an." Kurt Tucholsky

≈

„Im Leben geht es darum, Klinken herunterzudrücken, Du weist nie, was dich hinter einer Tür erwartet."
Albert Espinosa aus: Die roten Geheimnisse

≈

„Leben ist das, was passiert, während man gerade andere Pläne schmiedet." John Lennon

≈

„Lebe so, als würdest du morgen sterben. Lerne, als würdest du für immer leben." Ghandhi

≈

„Unser Kind
Dein Blut ist nicht von unserem Blut, dein Fleisch ist nicht unserem Fleisch Aber du bist geboren aus unserem Herzen Nicht gezeugt und empfangen in einer Liebesnacht Wirklichkeit geworden durch Dokumente und Siegel Auserwählt unter Hunderttausenden von Gott uns geschenkt. Deine Augen sollten die Sonne sehen, jetzt sehen

sie Nebel. Deine Haut ist dunkel, für die flimmernde Hitze geschaffen Jetzt berühren sie bald den Frost Wir wollen die Sonne sein und die Wärme durch dich sind wir verbunden mit den Völkern und Kulturen Die wir nur aus Büchern kennen. Du wirst wohl nie die Sprache verstehen die bei deiner Geburt gesprochen wurde, wir wollen dich verstehen, Dein Fleisch ist nicht von unserem Blut doch du bist gezeugt im Herzen, Wo liebe wohnt, Auserwählt von Hunderttausenden von Gott uns geschenkt."
Von einer Adoptivfamilie am Bodensee

≈

„Als ich die Hand eines Menschen brauchte, gabst du mir deine Pfote." unbekannt

≈

„In deinem Leben braucht es nur den einen Menschen, der dir zeigt, dass er dich in seinem braucht." Oscar Wild

≈

„Nur diejenigen, die es wagen, weiter zu gehen als sehr weit fort, können herausfinden, wie weit sie wirklich gehen können." Sergio Bambaren

≈

„You can 't stop the waves, but you can learn to surf."
John Kabat-Zinn

~

„Neue Welten zu entdecken wird dir nicht nur Glück und Erkenntnis, sondern auch Angst und Kummer bringen. Wie willst du das Glück wertschätzen, wenn du nicht weißt, was Kummer ist? Wie willst du Erkenntnis gewinnen, wenn du Dich deinen Ängsten nicht stellst? Letztlich liegt die große Herausforderung des Lebens darin, die Grenzen in Dir selbst zu überwinden und so weit zu gehen, wie du Dir hättest träumen lassen. Die Erfahrung, die das Leben uns bietet, ist unausweichlich, ob man sie genießt oder erleidet, ist jedermanns eigene Wahl. Und diese Entscheidung ist die Grundlage – nicht die Folge – für ein glückliches oder unglückliches Leben." Sergio Bambaren

~

„Einige Dinge werden immer stärker sein als Zeit und Raum, wichtiger als Sprachen und Lebensart. Zum Beispiel, deinen Träumen nachzugehen und zu lernen, du selbst zu sein. Mit andern das wunderbare Geheimnis zu teilen, das du entdeckt hast."
Sergio Bambaren, aus: Der träumende Delphin

„Träume bedeuten vielleicht ein hartes Stück Arbeit. Wenn wir versuchen, dem auszuweichen, können wir den Grund, warum wir zu träumen begannen, aus den Augen verlieren, und am Ende bemerken wir, dass der Traum gar nicht mehr uns gehört. Wenn wir einfach der Weisheit unseres Herzens folgen, wir die Zeit vielleicht dafür sorgen, dass wir unsere Bestimmung erfüllen. Denk dran: Gerade wenn du schon fast aufgeben willst, gerade wenn du glaubst, dass das Leben zu hart mit Dir umspringt, dann denk daran wer du bist – Denk an deinen Traum."
Sergio Bambaren

~

„Wenn du aufgibst wirst du nie wissen ob du es geschafft hättest." unbekannt

~

„Selbst wenn du verlieren solltest, dein Kampf ist nie vergeblich." Albert Espinosa, aus: Club der roten Bänder

~

„Kindern erzählt man Geschichten zum Einschlafen – Erwachsenen, damit sie aufwachen." Jorge Bucays

~

„Hast du jemals darüber nachgedacht, was Lebensglück wirklich bedeutet? Was passiert, wenn es plötzlich zerbricht? Wenn du tief fällst, hart aufschlägst und dich das Leben zwingt, dich deinem wahren Ich zu stellen? Bis zu jedem Tag der alles verändert. Ist das Leben plötzlich vorbei? Oder fängt es erst an? Wohin führt der Weg? Wie viel erträgt ein Mensch? Bis er aufgibt?“
Martin Matheo, aus: Sehnsuchtswege ein Leben und sieben Wünsche

～

„Man sieht nur mit dem Herzen gut. Das Wesentliche ist für die Augen unsichtbar.“
Antoine de Saint-Exupéry, aus: Der Kleine Prinz

～

„Wenn du laufen willst, dann lauf eine Meile. Wenn du ein neues Leben kennenlernen willst, dann lauf Marathon.“ Emil Zatopek

～

„It is only when we become aware that our time is limited that we can channel our energy into truly living.“
Ludovico Einaudi

Widmung

Ich widme dieses Buch an erster Stelle mir selbst und meinem Leben, meinen Eltern, meiner Schwester Sapna, sowie meiner unbekannten leiblichen Mutter und allen Adoptivkindern und ihren Eltern.

Danke

Ich möchte mich bei allen Menschen, die mir am Herzen liegen, bedanken. Ganz besonders, meinen Eltern und meiner Schwester Sapna. Gemeinsam sind wir durch die Höhen und Tiefen des Lebens gegangen.

Besonderen Dank auch die Menschen, die mir in der Zeit des Schreibens unterstützend zur Seite standen:

DANKE...

- An meine tollen Großeltern die mich von Anfang an als Ihr Enkelkind annahmen.
- An die liebe Hema, dass unser Schicksal uns mehr verbindet als alles andere.
- Norbert Scheiwe für all deine Unterstützung ganz egal um was es sich handelt.
- Gertraud Schöpflin, dass du mich zum schreiben nochmals inspiriert hast.